COSMIC
GARDEN
VISION INFINITY

The Portal to Cosmic Consciousness

量子物理與宇宙法則

量子成功的科學

Sandra Anne Taylor 著
何宜儀・張志華 譯

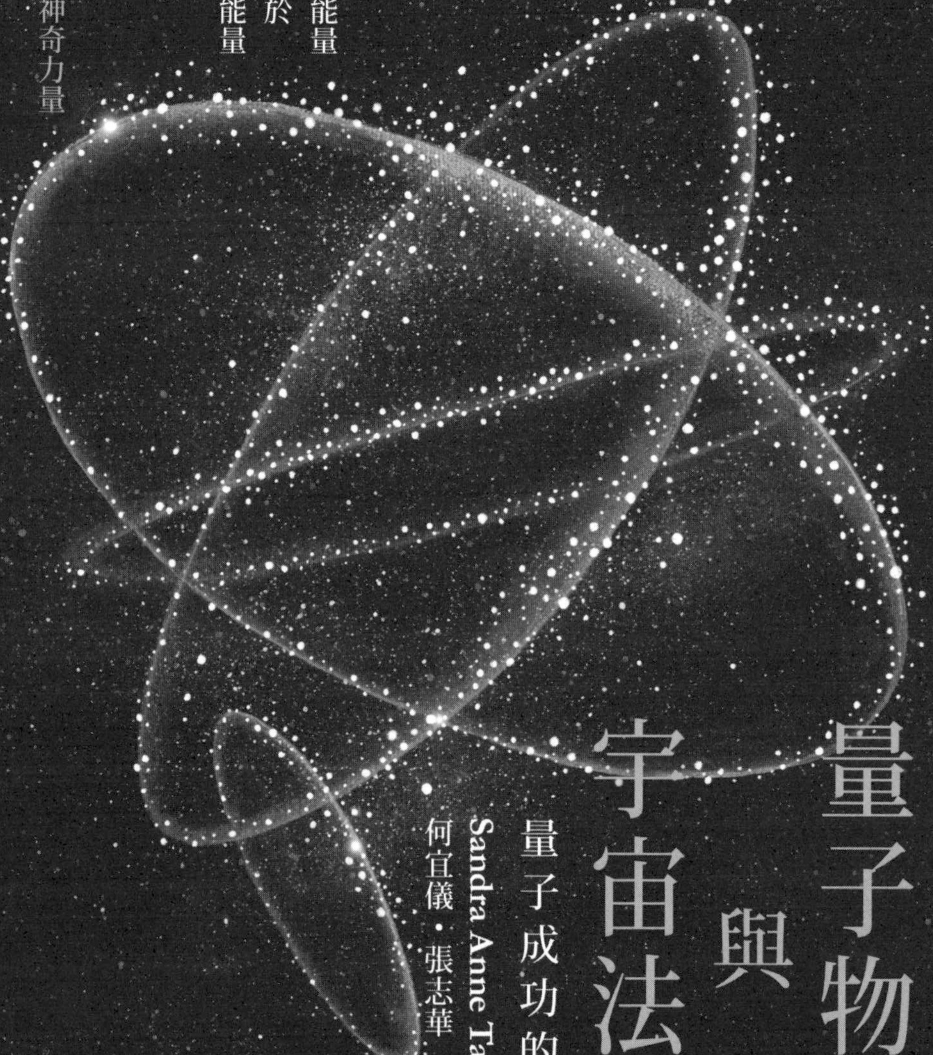

根據量子物理學
物質解構到最後，就是能量
而宇宙法則的奧秘就在於
你如何運用你的意識與能量
決定了你所經驗的一切

這本書
將開啟你內在小宇宙的神奇力量

園丁的話

這兩年來，市面上充斥著談論吸引力法則的書，吸引力法則儼然成了新時代思想中的顯學。一個人不見得會對靈性感興趣，卻絕不會拒絕財富、健康和愛情。有所求的心態促使吸引力法則風行，想想，吸引力法則之所以火紅，不正是因為它提供的誘因，它應許你，想要什麼就能得到什麼。愛情、財富、健康、聲名，盡在掌握。

享有健康、財富、快樂和愛，是我們的天賦權利，但如果只把吸引力法則當成招財工具或是人生飛黃騰達的寶典，就太可惜，也太表相了。而如果以為只要用念力就能心想事成，也未免過於小看了心靈微妙且複雜的機制。

市面上談吸引力法則的書，內容多大同小異。意念、思想、情緒、觀想、有意識的選擇、正面肯定語……都是基本字彙。這本書比較不同的是，作者用淺顯的方式說明量子物理學和宇宙法則之間的關聯，以實例闡述大家最耳熟能詳的吸引力法則（或稱磁性法則）和其它環環相扣相互影響的宇宙原理的運作機制，教導讀者如何運用心靈和信念的力量實現夢想（其實就是下指令給潛意識），並最終不忘回歸到傳遞愛與光的精神。

是的，愛與光，你沒看錯，一本談論量子物理和成功學的書也可以扯到光，我是說，講到光。

這是因為量子物理的內涵與玄學無異，或許可以這麼說，量子物理就是科學裡的神秘學。所以，這本談量子成功學的書事實上是藉著呈現這些宇宙法則，幫助讀者認識人類的靈魂本質與根源。不可否認的，不少人對吸引力這樣的心靈法則之所以感到興趣的原始動機其實是物質性，是出於個人利益。由於對物質世界的欲求，透過了這些所謂的成功和宇宙法則，進而認識到自己真正的身份，探觸那屬於靈魂的領域，這也是件有趣的事。

物質與靈性看似兩極，兜了一圈……原來，是個圓。也本是個圓。

目次

獻給我美好的子女：薇卡・泰勒（Vica Taylor）與箴亞・泰勒（Jenyaa Taylor）。

你們的笑聲，於我即是成功的天籟。

作者序

成功前的倒數

自二十年前接觸量子物理學之後，我所有的一切都改變了。能量與意識的法則為我開啟了過去渾然未覺，充滿可能性的天地。從那時起，我便開始將這些概念和世界各地各行各業的人們分享。他們也和我一樣，發現自然世界的模式可以應用在生活裡的任何情況，並且帶來令人驚喜的成果。

量子物理學是一門讓人自由的科學，因為**它使你掌控自己的未來**。它賦予你力量，讓你決定自己命運的方向。不論你過去經歷什麼，當你知道如何接通這些驚人的宇宙力量時，你就會抵達成功的真正源頭。

金錢的科學

大多數人認為他們的生活處境是基於一連串隨機與不可控制的事件，例如階級地位或家庭收入。這個想法誤解了實相，也徹底剝奪了我們自身的力量。真相是，我們透過和自然法則的交互運作，導演自己的生命經驗。

物理世界有好些能量模式對人類具有強大作用。事實上，**個人能量**的科學與**意識**的機制是影響你的目標成果的兩個最重要自然因素。一旦你開始在生活中積極運用這些元素，你就會看到深刻的人生變化正在成形。

你可能已經聽過像「你實現你所相信的」和「你所專注的會擴展」這些話。這些說法雖然很有道理，卻常被歸類為過於理想化和多少不切實際的人生哲理。然而事實上，這些觀念背後所隱含的自然原理，驅使著我們進一步審視這些概念後頭的科學。

量子物理學的研究者已經發現，一切事物都是由能量的振動弦線構成（譯注：即『弦論』，又稱『超弦理論』）。一度被認為堅實的物質，其實是由可受人類**意志**和**意識**影響的能量振動所組成。它們塑造每個人類個體和所有物種的命運。事實上，你的未來就正在此刻成形！**你如何運用你的意識與能量，決定了你所經驗的一切結果**。這個真相是如此有力，體認這點將會改變你的人生。即使你從來不曾察覺，吸引力法則的力量都一直在你存在的每個面向發揮影響力，包括你的事業、財務狀況和人際關係。

量子物理學的測不準原理也顯示：我們活在自身所創的無盡可能性裡。這個世界處於不斷流動的狀態，即使是能量上的小變動都能在現實世界造成即時和深遠的改變。雖然宇宙間的大部分力量非肉眼可見，它們仍能被運用並產生巨大影響。就像你看不到原子，但你可以見證原子彈無遠弗屆的威力——同理，你看不到的個人振動也能產生極具戲劇性的效果。然而，要能掌握宇宙的力量，你就必須願意探索一個全新領域，展開一趟進入內在世界的旅程。

超越未來

很多人都覺得自己的處境像是在原地跑步的跑步機上——不停地移動，卻哪兒也到不了。他們厭倦了在公司和家裡之間奔波，從這個會議到那個約會，將時間花在永遠做不完的工作和實現不了的承諾上。他們不停地從一段關係換到另一段關係，結束一個專案又開始另一個計劃，總期望新局面會帶來他們所尋找的。他們感覺空虛受困；他們渴望自由。他們想要改變，卻不知怎麼才能辦到，因此一次次地持續重複著同樣的老舊模式。

如果你覺得上述情形聽來耳熟，而你每次的失望經驗也像是舊事重演，請鼓起勇氣振作起來，因為你確實擁有開創不同人生所需的力量。

事實上，依照量子物理學的說法，你是在一個充滿無限力量和潛力的世界的正中心。你並不須日復一日地任生命流逝而覺得虛空不滿，因為宇宙法則能夠徹底改變這一切。

我個人已將這些法則應用在生活裡的各個面向。它們使我從一個高中老師成為諮商師，再成為一個巡迴世界的演說家與作家。在經歷兩次失敗的婚姻後，我原已放棄愛情，但我決定也試著應用宇宙法則來追尋真愛。不到一年，我遇到了現在的先生，一位真正支持我、愛我、有智慧又幽默的男子，他以難以言喻的方式豐富並提升了我的生命。

然而，這些驚人法則所帶來的最不可思議的經驗，或許就是我那兩個孩子了。大家曾經認為我和我先生一定是瘋了，才會想從俄羅斯的孤兒院裡領養毫無血緣的小孩。但我深知能量和意識的法則是如此絕對，只要我採取正確步驟應用它們的力量，我們就會吸引到最棒的孩子來到我們的生命——而我們也做到了！

這是一段漫長又耗費心力的過程，也是個很不尋常的故事。有許多「神奇」事件因此發生，整個過程的特別可以再寫上另一本書。總之，一切都有了很棒的結果；領養改變了我們的生活，為我們的生命帶來無法衡量的快樂。

我透過諮商和在世界各地舉辦的研討會教導這些法則已近二十年之久。從一開始，我就聽過因為將這些技巧運用在私人生活和專業領域而獲致成功的許多實例。譬如，有位在自家車庫開創軟體事業的男士，為他的公司獲得近七百萬美元的資助。另一位和憂鬱及焦慮症奮鬥許久，期望擺脫低階餐飲服務職位的男子，如願開了一家餐廳並經營外燴。他的事業非常成功，全國各地都有人希望加盟。

我通常每年或隔年都會到澳洲演說，有一次，一位女子推著娃娃車朝我走來。她告訴我幾年前她參加過我主講的『如何吸引愛情』研討會。那時的她孤單一人，非常渴望擁有家庭。在學習了這些法則並實際應用後，她遇到了這生的愛。她專程來道謝並介紹她漂亮的新生寶寶給我認識。

來自世界各地的郵件和電子信件也告訴我類似的故事。聽到這麼多人獲得升遷、找到新工作、愛情，或是開創了新事業、組了新家庭之類的成功經歷，我總是開心又滿足。也有人說他們成功減重，看起來比以往更年輕。

不論這些人努力的目標為何，他們都因為瞭解這門成功的科學而獲得了力量。他們知道，**透過能量與意識的轉換，任何事都可能發生**。

本書所討論的一些特定技巧對你來說可能並不陌生，因為無所不在的宇宙力量和能量正是一切解答的源頭。因此，接通了宇宙能量，你就能實現你的夢想。

或許你以往的生命模式讓你不快樂，你對未來可能也沒抱什麼希望，但你現在可以把這些晦暗想法拋到九霄雲外了，因為一個通往嶄新、快樂的未來旅程，此刻就能展開！

通往成功的旅程

準備一本成功日誌是這趟自我探索旅程的重要部份。日誌原本的意思是旅程中所見所聞的記載。你對成功的追求，本身就是趟旅程；你的筆記可以幫助你從目前所在之處抵達你最終的目的地。這個過程會帶你經過沿路的許多中途站，而你每次的記錄就像個人地圖，它能幫助你走在正確的道路，並重新導引你通往目標。

本書每一章的最後，都有對於成功日誌的記錄事項建議，而你首先要寫的，就是你渴望的旅程終點，也就是你的目標。現在就先花些時間，列出願望清單，寫下你渴望的一切。不論是一百萬美金，一個新家，一段美好戀情，或全新的事業都可以；請寫下你衷心夢想的每一件事。每當你想到其他渴望，繼續增列在願望清單上。

意圖

完成上述的初步清單後，將每項內容改寫成特定意圖的形式。例如，如果擁有一百萬美金在你的願望清單上，你就寫：「我意圖成為一個百萬富翁。」如果你在尋找一段新戀情，寫下：「我意圖吸引一個美妙的，懂得關心人的伴侶。我正吸引一段真實、長久的愛情。」

如你將發現的，這個旅程有個重要的部份，那就是持續將你的渴望轉化為意圖，並將你的信念轉換成自我肯定的語句。

將渴望轉化為特定意圖是一個聚焦的方式，它可以幫助你和**宇宙法則**連結。意圖和你的意識與振動聚合，對你的個人命運產生最強大的影響。它是如此重要，你應當要經常探究你的意圖才是。

每當我要開始一個新計畫或活動時，我都會思考我的意圖。這個作法為我所追求的目標創造了焦點，我會知道我該專注的地方，並且調整周遭能量。就算只是開始新的一天，一個清楚的目標都能幫助我們繼續行進在正確的軌道上。

自我肯定語

自我肯定語很容易被一些人忽略，但它是能量創造中相當強有力的一環。如果我們不是有意識地處在正面思緒裡，我們就有可能是在無意識地進行著負面思考。

在本書每一章的最後，你都會看到和各章主題有關的自我肯定語。請從中選擇你最有共鳴的幾個句子，常常去讀它們，不論你設定的目標是什麼，都要確定你的肯定語包括了自我認可的基本陳述。你可以看著鏡子重複這些句子，並試著用第二和第三人稱（你，他/她）表示。當大聲唸出這些肯定語時，你的音波能量會放大你個人的電磁振動並加倍它們的力量。

每當要致力於新目標或主題，記得調整你的自我肯定語，將它加上任何會幫助你專注在跟新目標、你自己，或你的世界有關的正面意圖上。每天正面肯定自己和自己的人生，宇宙便將以無數的正面方式祝福你。

快速改變

量子物理學證明，能量的巨大轉換可以在瞬間發生。你的人生也是如此——每一秒鐘，你都在參予你自身命運的創造。宇宙能量場隨時都在等候回應你的振動，因此，準備好以全新的工具和超越你以往所能想像的力量邁向未來。這是一場你絕不想錯過的科學實驗！

我將此書命名為《量子物理與宇宙法則——量子成功的科學》，不僅是因為本書所涉及的科學原理，也是因為量子世界所代表的意義。這個量子的實相發生在細胞層次，而它的效果是非局域性的，也就是說，它能夠影響遙遠的空間，而且往往跟線性時間無關。

當你達到了**量子成功**，你會發現自己身上的每個細胞都感到幸福，而你無時無刻都能體驗到充滿喜悅的成就感。

本書共分為七部份，每一部份的章節數都比前面少一章。這是一種倒數的排列，從「七個法則」到「六個力量」，一路至最後的「成功的唯一途徑」，逐步討論對體驗個人成功最為關鍵的七種影響力。應用這些技巧會為你追求夢想的行動帶來源源不絕的動力。

那麼，現在就開始你的成功倒數吧！將這些原則變成你日常生活的一部分，你的成就將一飛沖天！你很快會發現，你的生活形態、事業、人際關係，幾乎每一件事都開始改變。當你應用這個驚人的科學，你會明白**沒有什麼事是不可能的**。

你的靈魂與啟動萬有創造的動能一直是連結的，而現在就是你對宇宙的能量流——那導演你命運的脈動能量——開啟的時候了。當你這麼做時，你會像我一樣地發現，生命已被超乎你能期待和想像的祝福所環繞。

第一部

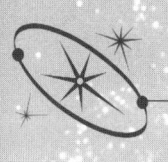

七個成功的普世法則

你生活在一個充滿奇蹟的世界。許多美好的事正在你周遭發生，而你也能將這份奇妙帶進你所做的一切和你想達成的目標裡。如果你覺得你的渴望一直遙不可及，那你更要知道，有一整個力量與能量正等著協助你實現夢想。

看起來像是魔法，其實是能量世界的運作；表面上好似神秘，其實是科學模式的結果。意識與能量無時無刻不在作用，透過不斷的因果律則在你之內和週遭振動著，只不過這個過程的「神奇」部份不是人類肉眼所能窺見。然而，宇宙不可見的力量不再是神祕的推論，它已然是科學上的事實。

量子世界律動著生生不息的力量和無窮的可能性，這是它的本質，而你則是在這個世界裡運作的一股振動力量。你是具有創造力的意識，既主導你自己，也影響全體人類的命運。此刻的你就正參與一項個人和世界創作的精巧行動。當你能夠控制你內在的宇宙能量，你就是讓自己和宇宙法則——所有幸福、成功與價值的源頭——連上線，你因此能創造出難以置信、超乎想像的美好人生！

第一章

顯化法則

成功的第一個宇宙法則

「心智是首要的起因……。每件事必然起於一個想法。每個事件、每個情況，一切事物最初都是心智裡的一個念頭。」

——羅伯特・科理爾（Robert Collier）*美勵志書作家

心智的運作機制顯示了驚人的可能性——它不僅擁有解決複雜問題和學習新資訊的能力，它還能超越邏輯，實際進入具體創造的領域。心智就是你的意識的力量，也是你創造命運的源頭。

成功的第一條法則——顯化法則——說明事物如何從無到有的發生。

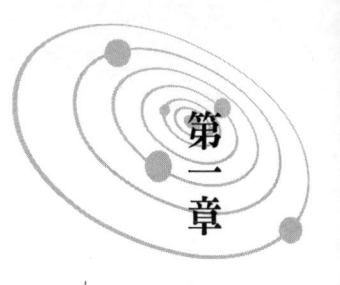

在量子物理學裡，意識創造實相。這個原理也同樣適用在你的個人世界。

現代科學探討了許多意識創造實相的理論。其中之一是說明宇宙如何誕生的宇宙論。這個理論認為我們的世界實在複雜到很難只是經由隨機的一連串巧合事件就發展到目前的階段，所以它一定是一個「有意識的意圖」的結果。另一個理論跟物理／物質實相如何從宇宙的原生素材／材料（raw material）構成有關，還有一個探討我們的個人意識如何從存在於每一刻的無限可能性裡做出選擇。甚至與測量波和分子有密切關聯的「觀察者創造實相」（observer-created reality）理論也指出**意圖**和**意識**是非常真實的力量。

量子物理學說背後的運作原理相當引人入勝，然而我們在此要探討的是你的個人實相。觀察者創造實相的理論應用到個人領域所揭示的是：你注意到的自己（那部份）會被彰顯。

請花些時間想想：你通常注意到自己什麼？這些自我觀察是正面還是負面？你認為基於這樣的自我觀察，你會得到怎樣的實相？

這些是很重要的問題，在日誌裡逐一回答會很有幫助。但這只是探討命運顯化過程的開始，由於**你的意識創造了你的實相**，因此要了解實相如何運作，就要找出你的「意識」為何，以及它是如何在你的生命裡扮演具有創造力的角色。

假使你想看到意識的力量，只要環視周遭。暫且將高等意識所創的世界和你在自然界所見的現象放在一邊，在你的日常生活裡，個人意識的力量與存在便已處處可見。好比我停筆的此刻，就看到這個力量無所不在。

俄羅斯聖彼得堡的一位街頭畫家，透過牆上的畫作對我揭露他的心靈；莫札特的意識透過CD傳送；當我在睡前閱讀，查爾斯・狄更斯（Charles Dickens）的能量對我說話；每當陽光穿透藝術家好友製作的彩繪玻璃，她的啟發彷彿也正對我晶瑩閃耀著。家具製造者的意識支撐我的身體，蓋房子的人所建造的這個家保護著我。每一天，透過這些以及種種方式，我被別人的創造力影響；我是一個見證者，見證著人類的創造。

自然世界也是如此。當我們打開心胸，感受意識所創的豐富實相的每種意義，我們就會在各個角落見證心智的力量和美麗。無論是泥土路上的小鵝卵石，還是午夜的無垠星空；從孩子手上的紙飛機到全國性的電腦資訊網絡，這一切無一不是起於心智的力量。

每件事物最先都存在於意識——這就是所有顯化的最根本實相。雖然不是所有的意識都創造出有益的結果，但每個意識都會創造些什麼。意識創造了世貿中心，也摧毀了它。

你的個人生活，你的成功——或不成功——最初都顯現於你的意識。如果你環顧周遭，看到的是失敗和困難，那是你心智的產物。如果你眼裡所見是豐盛與成就，那也是你自己的力量。

你未來要顯化的一切都存在於你意識能量的那個滾燙沸騰的壺子裡，它創造出你將稱為你的「人生」的調合物。

顯化法則很明確：如果你的意識創造你的實相，那麼你想實現的任何事物都必須先存在於你的意識。如果你沒有先毫無衝突地定義並感受到成功所帶給你的感覺，你就不會體驗到成功。也就是要經驗成功，你就必須先毫無矛盾的瞭解並感受成功的滋味。

你的意識正在創造什麼？

「你的意識創造你的命運」這句話絕不能被解釋為「你有意識地創造你的命運」。事實上，大部份的人對於我們是自己生命情境的編劇這回事仍渾然不覺。大多數人甚至不知道他們創造了自己的處境。他們將生命認知為一連串的隨機事件，而絕大部份不是他們造成。人們很少察覺或想到，他們所經驗的正是自己不知不覺中所建構的。

因此，顯化法則的先決要求之一，就是確切檢視我們所專注的事物。以下的問題是為了幫助你對命運創造的這個重要面向有所瞭解。我們在下一章將繼續探討顯化的多種層次，這個練習可以先協助你對自己的意識方向變得較為覺察。

成功日誌

在日誌回答下列問題。為了定期瞭解你的意識創造力，你要經常檢視自己的答案。

- 一般而言，你最常意識到哪些事——也就是說，你比較容易想到什麼？
  你比較覺知到自己所擁有的，還是缺乏的？
- 什麼是你最重要的事業目標？
  你每天花多少時間有意識的專注在它的成功上？
- 什麼是你生活裡最常見的習性、行為模式，甚至上癮行為？

你每天花多少時間在上述的習慣？

當沒有進行這些活動或行為時，你會意識到嗎？

- 你較常專注在每天發生的正面事情，還是冒出來的問題上？

你的思考過程比較負面還是正面？

這些問題的答案，都是你意識方向的重要指標。你內在擁有構思出你所渴望的命運的力量；你現在就正在運作這股力量。然而，就如一個建築師無法閉著眼睛設計出大師之作，如果你不張開眼睛面對你的選擇，你也無法成為自己的築夢師。

變得覺察

你曾經暫停下來，注意自己正想些什麼嗎？

在你做出決定前，你有多常去認真思考所做選擇會帶來的後果？

很多人對自己為什麼做他們所做的事——或甚至這些事所代表的意義——毫無頭緒。他們以一種沒有意識和大多不經思考的態度生活。我稱這些人為「意識植物人」，他們在沒有覺知的狀態下，日復一日地辛苦度日。他們受制於習性，隨情緒作出反應，被動生活而不積極。

如果這聽來像是你過去的生活方法，不要擔心，你的確擁有讓自己從這群活死人裡甦醒過來的力量。你可以選擇一種不同的，更高階和明亮的意識，從而邁向你不曾經驗過，甚至從未想像過的美好人生。

意識一直都是選擇。
它是選擇把覺知帶到每個當下，它是看到並釐清真正重要，也就是能真正榮耀並提升你人生價值的決定。
你必須經常這麼提醒自己：「我現在把自己的意識專注在什麼地方？」並問：「這些意識會為我創造什麼？」

我有位客戶大部份的時間都在想著跟「吃」有關的事。對於自己每天總想著什麼時候要吃什麼，還有吃多少，她毫不隱瞞。讓人訝異的是，她只超重少少幾磅。由於她努力控制對吃的渴望，也固定運動，因此不曾真的過胖。她的體重變化不大，但這並沒有改變她一直為體重不開心的事實。

她對自己的事業也有不怎麼良好的類似感受。她從乏味的工作所得的收入只夠維持生活，她因此還另外接了些自由撰稿的工作。她從沒意識到，除非她開始有覺知地將更多注意力從食物轉移到事業，她的體重和工作都不會有任何改變。

我們的工作目標是先釋放她對吃的狂熱，然後發展一個健康的飲食策略。她同時也開始進行自我肯定語的練習；告訴自己願意接受任何體重，並且加強事業優先的意識。我跟她說，每一想到食物，她就必須做一些和事業有關的正面思考或特定行動。這個作法成功轉移了她的焦點和動機，而這正是獲得結果所必須的。沒多久，她不只瘦了，她的自由撰稿事業也越來越成功，她甚至可以辭掉工作，靠著做自己喜歡的事就賺上原先兩倍的所得。

你也同樣能夠掌控自己命運的實現。要轉移意識創造的方向，你就必須把更多注意力放在正面事物，還有你的價值和優先事項上。你要選擇將思緒專注在你已擁有的美好事物，以及你希望吸引的東西上頭。隨時朝目標採取審慎行動，不要分心和無意識的做反應。

在下一章，我們將討論幾個能幫你完全轉移意識的特定技巧，但你現在就可以開始對你的選擇有所覺醒。

記得，如果你不喜歡你創造的生活，那麼你必須先改變你的意識和焦點。當你發現自己專注在負面事物時，要知道你的心智正在創造負面的結果。不論要花多少功夫，你都要轉移你的焦點，如此，你很快就會看到積極樂觀的意識所能創造出的強大與正面效果。

自我肯定語：提昇顯化效果

- 每一天，我對自己優先考慮和傾向注意的焦點都變得更為覺察。我列出目標的優先順序。

  我專注在自己必須看重的事上。
- 我選擇越來越意識到生活裡必須珍惜的事物。
- 我知道我擁有開創偉大命運所需的資源、能力與創造力。
- 我知道我的意識創造我的實相。我總是選擇樂觀的心態。
- 我每天都有意識地選擇希望、喜悅和平靜。

註：凡有＊為譯者所加之說明。

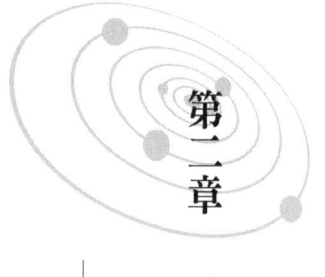

第二章

磁性法則

成功的第二個宇宙法則

「每個人都被思想的氛圍環繞……透過這個力量，我們若非吸引就是排斥。同類相吸……我們吸引的正是心裡想的。」

——霍姆茲（Ernest Holmes）* 美國宗教科學創辦者教派

成功的第一個法則是關於你的創造，而第二個法則——磁性法則（或稱吸引力法則），則和你所吸引的有關。這兩個力量的結合，對你的命運產生最強大的影響：前者關係你的意識的力量；後者則和你的能量的力量有關。

今天的世界有許多不同模式的能量在運作。這些令人驚訝卻又不可得見的力量有著非常真實和可預期的結果。比如說，你在手機輸入一些數字，按下撥出鍵，訊號隨即透過基地台的發射，導引到數千哩外的受話者。這時，另一支手機的鈴聲響起，然後你們的聲音能量來回振動著，即使相隔遙遠，你們也能進行清楚的對話。當你在電視遙控器按下一個鍵，訊號立刻被傳送到房間角落的一個盒子，電視就會形成影像和聲音（這也是透過遠距傳送的訊號）。現代的電腦斷層掃瞄攝影和核磁共振造影也都是運用能量產生身體影像的例子。此外，微波爐能夠加熱和烹調食物，感應器確保我們的安全，雷射則為我們移除腫瘤。

現代人類所能利用、導引以及使用能量的方式可說是羅列不盡。上述現象和更多不勝枚舉的例子都有非常顯著且重要的具體結果，然而能量的影響並不侷限於醫藥、通訊和科技新品。宇宙能量的運作以絕大多數人不曾覺察的方式影響著大家，甚至影響個體對幸福和成功的體驗。

磁性法則指出，我們只能吸引到自己投射出去的同類能量。這是基於量子物理學中的所有一切——包括每一個人——都投射出吸引力的原理。事實上，宇宙充滿了科學家稱為能量「弦線」[1]（string）的振動。能量弦線無時無刻不在我們體內活動並對外發送，它隨時隨地圍繞著我們。不論我們是否察覺，我們每個人都是這個宇宙時時刻刻進行中的能量交換與擴展現象的一環。

我們發送出我們的個人能量，連結類似振頻的人；我們的能量決定了我們在生活裡會吸引到的人與事。我們每個人就像是小型的廣播電臺，持續發送著關於我們自己和生活的信號。那些與信號契合的人與情境會感應我們的頻道，並被吸引到我們的生命經驗裡。事實上，我們所稱的化學作用——不論是在感情或工作——都是一種共鳴，是個人振動和信號的契合。因此，如果你想追求成功，了解你的能量是如何被創造——以及它此刻正放送著關於你的哪些信息——就極為重要。

你的能量名片

在維多利亞女王的時代，拜訪他人或參加聚會時要提供名片，好讓對方宣佈來訪者的到達。要打入新環境的社交圈前，也會先有介紹信函鋪路，好幫助新進者與類似圈子的人脈順利連結。這是當時社交活動的正式程序，可讓收信人了解來訪者人脈的廣闊和所受之敬重。你的個人共鳴就是類同這樣的作用。

早在你面臨生命中的某個經驗之前，你的個人能量已發出信息給那些將和你有所互動的人。你的能量是你的自我介紹，人們透過下意識無可避免的接收到你的能量本質。因此，如果你不喜歡截至目前所吸引到的社交圈或際遇，或是你總覺得成功和你無緣，那麼你就需要改變你放到能量名片上的內容了。幸好，這些頻率是你自己製造的，它也因此是你能夠改變的。一旦你知道是什麼組成你的振動共鳴，你就能採取積極作法來改善你的吸引力頻率，從而改變你吸引到的一切事物。

你的個人振動創造有三個主要方式：

1. 透過你的情緒能量，意即感受/情感的振動。
2. 透過你的認知能量，也就是思考/思想的振動。

3. 透過你的物質/物理能量，也就是身體的振動。

讓我們進一步看看上述前兩項。

情緒的散播

你的情緒共鳴是你最有力量的表達。你每一天的感受都大聲且清楚地散播著你是怎樣的人，你又從這個世界期待什麼的信號。舉例來說，如果你長時間感到害怕，那麼你散發的是恐懼的信息，而且也只會吸引更多讓你害怕的情況發生。假使憤怒是你最強烈的情緒，那你正送出預期「敵意」的信號——你得到的自然也就是敵意。

但假設你選擇一個較為輕鬆和開心的心態，你傳送的信息會是你期盼這個世界是開心愉快的，而你的能量和預期都將帶給你更多讓你覺得愉悅的情境。如果你對自己感到自信與平靜，這樣的情緒會送出很具磁性的振動，吸引那些能將更深層平靜帶到生命的人與經驗。

你所傳送出去的，必將回到你身上——這就是你的共鳴實相。

透過心靈和心智的效力，你的主要情緒為你的命運創造提供了能量。當某個經驗或問題的情緒越強，它所引發的力量也越大。基於這個道理，磁性（也就是吸引力）法則的基本要求就是將負面情緒轉換為正面的心境。

一般而言，你的情緒生活的品質將決定你的生活品質，這是能量上的事實。磁性法則對此相當明確：宇宙會把你散播的喜悅、愛和幸福送回給你；它也同樣將你的恐懼、憤怒與痛苦回傳給你。

然而，情緒從何而來？你無時無刻置身其中的這個充滿力量的能量，它的源頭又是什麼？在我們每個情緒體驗的背後都有一個刺激源。不論感受是憤怒或愛，悲哀或開心，憂鬱或興奮，無趣或狂喜，每一朵情緒的盛開，都有一顆源起的種子——而那個種子就是**思想**。

思想就是關鍵

將能量投射到世界的第二個方式，就是透過你的認知的力量。你的思緒幾乎不會停止運作，因此它們是持續不斷地在你的磁場製造振動信息。由於思想是情緒能量的根源，在追求成功的路上，你的思想自是加倍重要。自信的想法讓人感覺希望，匱乏和不足則帶來絕望的感受。你想，哪一種比較能為你吸引美好的未來？

你所尋找的正面結果只會來自平靜的情緒和正面的思想。假使你跟大多數人一樣，思考過程可能有些隨機和興之所至，那麼你的想法與其說是出自你的決定，不如說是你經驗到的念頭。也許你從不曾被教導要正面思考，也或許你心智的思考方向總取決於所在的情境或你相處的人。然而有件事是確定的：如果你環顧周遭，感覺生命有所欠缺，那就是宇宙在告訴你要控制你的思想！

絕大部分的負面思考是基於以下三種恐懼之一：

1. 恐懼未來
2. 恐懼被拒絕
3. 恐懼失敗

恐懼未來可以從擔心某事可能出錯，到擔憂個人慘劇或災難的發生，包括「如果這個會議搞砸了，怎麼辦？」「萬一我失去這個客戶？」「如果我病了或死了？」這些想法。

恐懼被拒絕從擔心被別人批評，到極度害怕被人拋棄都算。有這種想法的人常會自我批判或甚至自我厭惡。類似「我不夠好」，「我能力不足」，還有「我不配」的想法，都必然會導致像「萬一我的配偶離開我？」或「萬一我被解僱了？」的恐懼。

所有的恐懼都會毒害正面能量，因此恐懼失敗的心態將無可避免地創造出自我實現預言[2]的能量；那些把自己看成失敗的人，只會引來失敗。類似這般的負面想法是你通往幸福道路的最大阻礙。它們破壞樂觀的心態，增加憂慮和挫折感，而後兩者正是吸引悲慘結果的能量振動。人們常說，你的生活是朝向你最具主導性思想的方向移動，原因就在於你的能量。

我有一位客戶，大衛，他一直活在恐懼裡。他總是擔心別人的想法，他經常批判自己並認為其他人也會那麼想他。雖然他的工作表現算得上稱職，但他的恐懼總令他無法更上層樓。大衛很聰明也很有創意，他常有些不錯的點子，卻從沒自信把這些點子提出來。

在做了同樣工作近二十年後，他發現賺的錢雖然足夠開銷，但除非他做些改變，他的收入也僅止於此。大衛清楚自己必須做點什麼。恐懼是他的主要情緒，擔憂別人的批評以及害怕被別人拒絕則是他的主導想法。他的情緒和認知能量持續散發灰暗與失敗的信號，使得他吸引更多相同的負面能量。雖然他已經這樣生活了不算短的時間，大衛下定決心不要再受困在這個模式裡。

他把擔憂的所有事項列出來，也列了一張用來改變他的情緒和能量的正面選項的對應清單。他持續不懈地努力讓自己拋開慣性的憂慮，並且有意識的選擇用平和、信任和自信的想法取代。

漸漸地，大衛變得不那麼害怕，人也放鬆許多。他開始感受到多年來不曾感受過的正面情緒，像是平靜、希望，甚至開心。這個以轉換思想來鎮定和撫平感受的過程雖然花了他不少時間，但他終於能感覺到他個人能量的變化。他變得有自信，更有效率，並且願意冒更大的風險——而他的老闆也開始注意到這些改變。

在大衛學習「能量所創造的動力」的一年半期間，他先是獲得第一次升遷，後來又被拔擢了好幾次。幾年後，我收到他寄來的一封短箋，裡面還附了些照片。從他公司信箋的信頭看來，他已經高居副總，信裡所附的照片則是他位於南卡羅來納州希爾頓黑德島（Hilton Head）的新購渡假屋。

不到四年的時間，大衛完全反轉了他幾十年來的停滯能量。也因為他願意努力去改變他的思想與情緒的共振，他終於實現了渴望許久的夢想生活。

成功方程式：思想＋情緒＝能量

不論你目前的處境如何，你都沒有必要再困陷於舊有的模式。現在是瞭解你的思想、情緒和能量連結的時候了。我稱它們為你的思/情/能方程式（TEE Equation）。這個方程式顯示你的能量是如何被創造。

思想＋情緒＝能量

你最具主導性的思想的力量，加上你最頻繁和強烈的情緒，等於你個人能量場的振動。就是這個振動散播你的個人信號並決定你吸引到生活裡的一切。

如果你對吸引來的情況不滿意——無論是私人還是專業層面——你就必須致力改變你的能量。而如同小學生都知道的基本數學，你若想改變等式右邊，你也得改變等式的左邊。就像二加二除了得到四，不會有其他答案；負面思想加上負面情緒，也只會得到負面能量——以及最終的負面結果。

成功日誌

為了好好處理命運創造的這個面向，請將你的思考模式詳實記錄在日誌裡。如果日誌太大本，不方便隨時攜帶，那就隨身帶個小筆記本。當你記下你最常有的想法後，你會發現，自己老是想著同樣的問題，然後重複得到同樣的結論。

- 寫下心裡的想法，描述它們帶來的情緒。如果你發現你的想法和情緒的主要能量是負面的，那你至少要創造放下它們的意圖。
- 當你逮到腦袋裡轉動的負面念頭時，你要這麼自我肯定：**我可以放下這些想法。我沒有必要再這麼想。我選擇釋放憂慮與評斷，我選擇相信自己。**
- 當感覺自己被負面情緒淹沒時，暫停片刻，先檢視負面情緒產生前你在想些什麼？然後透過釋放這些念頭找到問題根源，並拋開這些思緒。
- 你可以藉著動動身體，作作深呼吸，擺動雙手來放鬆這些情緒所帶來的困擾，接著用肯定的語氣說：釋放。釋放。釋放。如果可以，試著用更正面樂觀的想法來取代那些負面思想，但無論如何，你至少要選擇把那些負面思緒放下才行。

覺察自己每天所傳送的能量頻率是極為重要的事。你必須要非常注意自己在思想與感受上的選擇，而不是只無意識地反應，無意識地放送那些你不希望代表自己的認知與情緒能量。這在一開始可能會有些困難，但這對投射成功的能量具有非常關鍵的作用。

知道是我們自己向這個世界放送出定義自己的資料波——而這些振波決定了我們會從這個世界回收什麼，這樣的認知賦予我們力量。在任何一刻，你都有力量改變這些能量振動。只要轉化一個主要的負面想法，你的能量就會產生重要的轉移。而當你持續在內心進行這些轉變時，所有環繞你的事物，包括你所渴望事物的結果，都將開始產生正面改變。

自我肯定語：動態磁力

- 我在每個機會都選擇用正面思考和平靜的情緒為生活充電。這是我的選擇。
- 我現在就選擇用樂觀的態度，面對自己、面對人生和未來。
- 我越來越能意識到自己每天所創造的能量類型。我對所想所做的每一件事，都選擇正面能量。
- 透過我本身的能量，我有能力開創更美好的生活。我知道當我選擇創造更健康、更快樂的思想與情緒時，我將吸引更愉悅的結果。
- 我知道我擁有吸引我所渴望的一切所需的才能與資源。

譯註：1. 即弦論，認為組成所有物質的最基本單位是能量弦線，大至星際銀河，小至電子、質子、夸克等的基本粒子都是由能量弦線組成。

2. 自我實現的預言（Self-fulfilling prophecy）：始自一九六六年美國教育心理學家Rosnthal & Jacobson的一項著名實驗以及其後的一連串相關研究，其中一例為隨機挑選一組學生，老師被告知這組學生較為優秀，後來這組學生果然表現較另一組IQ值相仿的對照組更為顯著地傑出。

第三章

純淨渴望法則

成功的第三個宇宙法則

「渴望是『可能性』在尋求表達。」

——羅夫・華道・愛默生（Ralph Waldo Emerson）* 思想家和文學家

接下來的兩個法則是被你的意圖，也可以說是動機所驅使。在每個驅動力和渴望底下，是你追求目標的真正原因。雖然你可能根本沒有覺察那是什麼，但意圖的能量本質若非加速實現你的夢想，就是妨礙你夢想的達成。

為了和第三個宇宙法則的強大力量契合，你的意圖必須純淨——不含操弄的心態，也不是基於恐懼、迫切或絕望。換句話說，你的動機必須是真誠、健康，並且能榮耀自己和他人。這個法則和下一章的法則都跟你**為什麼**追求生活裡的目標有關。如果你從未思考這個問題，現在是時候好好想想了。

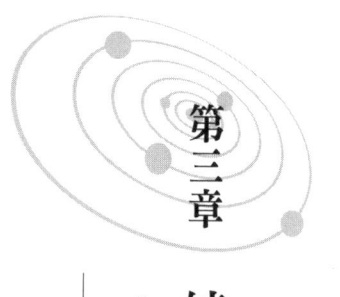

純淨的渴望法則表達的是，當你被純淨的意圖所驅動——不帶恐懼、懷疑和絕望——你就必然會得到有利的結果。

免於恐懼使你的動機能量從抗拒、負面的振動轉移到接收性和正面。你的能量將從渴求和絕望轉變到希望與期待，而希望與期待正是這個法則不可或缺的兩個元素。

基於恐懼或充滿疑慮的動機只會在你的渴望周遭創造出黑暗能量。這樣的情緒乃源於匱乏，它們送出令人反感的振頻。恐懼的負面信息很清楚：我是無能/沒有資格的。我不值得。我迷失了。帶著這類共振，你只能吸引令你痛苦，證明你的負面想法的人和處境。

恐懼與懷疑的情緒會遮蔽投射正面能量的推進器，並且破壞第三個宇宙法則所必要的元素。純淨渴望的引擎是由**誠實**和**榮耀**的意圖所點燃，而**希望**、**激勵**、**熱情**與**信念**等正面能量，則是添加前進動力的燃料。如果你的渴望要在宇宙間暢行無阻並進而實現，它就必須被這些正面情緒所環繞。希望使你充滿力量；它振奮靈魂並開啟你的心靈。希望是熱情與興奮的源頭。沒有希望，你就不會對你的渴望感到興奮，面對困難時也無法保持高昂的熱情。

興奮與熱情就如立體音響的擴音器，它們為你的渴望提供動力。但你如果沒有真誠希望並深信自己的夢想可以，而且也應該成為事實的堅定信念的話，你將無法維繫這些充滿力量的情緒。此外，失去希望是導致憂鬱和絕望的最主要原因之一，而後兩者正是阻隔光亮和美麗事物的黑暗能量。

這正是發生在我的客戶法蘭欣身上的情況。法蘭欣受雇於一家由同家族經營了三代的大型花坊，她和幾十年前創立這家花坊的兩兄弟的孫子們一起工作。法蘭欣是花藝達人。她擔任這家花店的首席花藝設計師，手上負責許多重要客戶，包括電影明星和政治人物。法蘭欣喜歡也善於和人們互動，她擁有一長串指定要她服務的客戶名單。

當法蘭欣剛進入由第二代經營的花店工作時，她原希望透過她在銷售和花藝設計的優異表現在公司有所發展。但當第三代也進入家族企業後，局面變得很清楚，這個工作對她已無任何前景。儘管欠缺技術和經驗，創辦人的孫子們還是很快獲得法蘭欣一直期盼的加薪與升遷。

雖然這樣的發展不該讓人意外，但法蘭欣還是感到很受傷，她很快就對自己的前途不抱任何希望。她失去了對工作的熱情，工作表現和效益跟著大受影響。沒多久，她被警告必須重拾過去的績效，要不就得走人。

法蘭欣來找我諮商時，整個人非常憂鬱。我很快發現，當她對晉升的最初希望破滅後，她便建構出自己不會有成就的信念，認為自己永遠不會有出頭的一天。我們隨即致力於改變她的負面能量，我也對她說明她是如何把自己纏困在一堆相互衝突的矛盾意圖裡。

緩和矛盾意圖

對自己的渴望有兩種截然不同的感受並非不尋常的事。你一方面可能告訴自己你想成功——這是第一個驅動的意圖。另一方面，某個挫敗經驗或受限的信念可能導致你相信成功是不可能的——而這個想法也成了另一個具有能量的意圖。在這種情況下，你的渴望不但變得絕望，也很兩極，而這些相異的意圖在能量場相互爭鬥。理性上你在表達：我想要，我渴望。然而你的情緒能量卻呼喊著：這是無望的！願望不可能達成！你說，宇宙會回應哪個信念呢？

就能量而言，負面情緒通常較為強烈，因此，它在吸引力的運作過程中也較為有力。所以你越是喪氣絕望，宇宙就越得尊重你想保持那些困難能量在生活裡的意圖。

這就是法蘭欣面臨的處境。她剛開始在這家花坊工作時，對自己很有信心，對未來也充滿希望。經過一段時日，那些令她完全無法掌控的諸多因素改變了她的感受。她覺得自己被擊倒，而這個負面情緒是如此之強烈，事實上已成了她的新意圖。

不過法蘭欣不是那麼容易被打敗。雖然花了些工夫，我們還是重新找回她對自己的最初信念，還有對自己能力的信心。我們也用新目標的形式建立了新的希望：她計劃開一家屬於自己的花店。因此除了努力存錢外，她也要爭取一些客戶對她的投資。雖然起步維艱，但法蘭欣還是能把目光專注在甜美的果實，努力凝聚她需要的每一分勇氣。

靠著決心與毅力，她終於達成目標。現在的她擁有屬於自己的三家店，服務的名流客戶比以往更多。

如果你發現自己感覺挫敗，你必須重燃希望，重新定義你的信念。當你對自己的成功不抱持正面期許和信心時，你也同樣會被困在相互矛盾的意圖，陷入只會讓你一事無成的遲鈍能量和活動裡。

這可不是什麼陳腔濫調，這是能量的真相——不論你渴望的意圖為何，一旦你讓自己覺得被擊倒，你就真的會被打敗。

從渴望擁有到值得擁有

光只是渴望某事是不夠的，知道自己**值得擁有**也很必要。這就是這個法則的另一個重要元素。你的願望要純淨，你就必須打從心底相信：你值得你所想望的一切。

你的自我價值感，通常跟小時候的教導有關。它是從你如何被對待（或虐待），被批評或讚賞中形成。它和你在學習認識自己的歷程中所得到的讚美和關愛度有深刻的關聯。即使是現在，你也正抱持許久以前所建立的關於你該得到什麼，以及為什麼的想法，而這些信念一直影響你目前的吸引力運作。

成功日誌

為了更瞭解你的自我價值感的真正源由，請在日誌裡回答下列問題：

- 你曾經被父母或他人用怎樣的方式告訴你你不值得？
- 你是否相信你在某方面不夠好、不符標準或欠缺了什麼？若是如此，是什麼？
- 你是否覺得你必須做些什麼，證明什麼，或是在哪方面不同才能感到自己有價值？如果這樣的話，是些什麼？

你的答案透露了關於你的哪些事？如果人們說你不值得，你要知道他們的看法並不代表真正的你。事實上，你認為自己欠缺價值的感受是來自其他人的實相、恐懼或權力慾。而不論這些「其他人」是你的父母、師長、社會上有影響力的知名人士或任何人，你都再也不必擁抱他們的實相版本。

你的真實價值並非取決於你賺多少錢、你的學位、年齡或體重。你的價值是源自你的神性傳承。

永遠要肯定的對自己說：「我值得最好的。」你的價值和你值得什麼是來自你最初源頭的禮物。它們是你的神性遺產，來自你永恆天父無條件的愛的能量。有上帝的愛作為你的泉源，你的價值永不會改變和動搖；這樣的愛並沒有要求和條件，你不必做任何事去獲得。身為神的子女，你向來，也將一直值得享有這個豐饒宇宙所給予的一切美好事物。

我最近為一位在工作上面臨困境的客戶進行諮商。她承擔過多的責任，但並沒有得到她自認應得的肯定或報酬。我建議她讓自己沉浸在自我肯定語，每天重複唸上多次「我值得尊敬」、「我值得快樂」、「我值得被好好對待」等句子。

幾星期之後，她打電話給我，開心的告訴我她的自我感受好多了。此外，她在工作上也得到良好評價，收到一封獎勵信和不錯的加薪。

現在是你依據根本真相——你是永遠被愛的神的子女——重新定義你和你的價值的時候了。針對你先前回答問題時所挖掘的有害自我假設，在日誌裡寫下釋放這些負面想法的陳述和你值得無條件擁有的肯定語句。放下那些不支持你新想法的老舊制約或扭曲說法，因為這些限制正是桎梏你，讓你無法有所成就的牢籠。當你將自己從牢籠裡釋放，你就能放下更多限制——並接收到你渴望的一切。

如果你想要，就放手

這聽來可能像老生常談，然而再多的需求、迫切和絕望都無法幫助你保有任何事物。它們只會帶來嚴重的能量限制，而你最終必須掙脫這些限制。

擺脫這類困乏信念和有條件式的價值感是獲得最偉大自由的基本步驟，這也是純淨渴望法則的最後一個元素，藉由臣服達到的不執著。

這不是要你放棄目標或渴望，你只是交託出你的執著——你想要事情如願發生的迫切需求。當你感到迫切或絕望，你的渴望就不可能純淨，因為這時的你是受到恐懼而非信任的驅動。放鬆你緊握的拳頭才是全然的信任；信任未來，也信任自己。這樣的信任是因為認知到**不論發生什麼，你都有為自己創造幸福的能力**。

當我們探討下一個法則時，這種充滿信任態度的必要性將顯得格外清晰。因為它說明的正是急切和絕望只會破壞你想實現的意圖。

自我肯定語：純淨的渴望

- 我是一個有價值的人，我值得享有財富、豐足和真正的幸福。
- 我努力實現目標以提升美好生活；我每天都比前一天更快樂。
- 我知道我的渴望，我知道那是可以達成的；我對自己正在開創的燦爛未來感到興奮。
- 我知道我值得擁有美好事物和美好的經驗。
- 每一次我從鏡子看到自己，我肯定並認知自己的價值；我知道我值得。

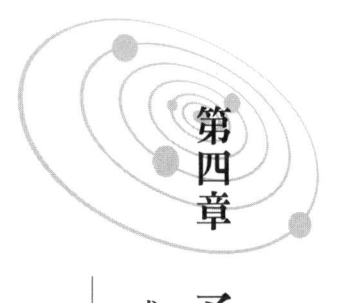

第四章

矛盾意圖法則

成功的第四個宇宙法則

「量子場只是純粹意識或純粹潛能的另一個標籤而已。而此量子場乃是受意圖與渴望所影響。」

——狄帕克・喬普拉（Deepak Chopra）* 印度裔美籍醫生與作家

臣服雖只是純淨渴望法則的其中一個元素，它卻是第四個宇宙法則的能量軸心。這個法則告訴我們，當我們讓迫切與需求成了主要動機時，所將面臨的狀況。渴望成功是自然和健康的，然而是我們**為什麼**想要成功的情緒決定了它的能量本質。

信任是一種流暢與自在的振動，它帶來正面的結果；迫切的振動則是破碎和急躁，它冷酷地阻止結果成形。話說在我們追求成功時，為什麼會有恐懼？恐懼究竟從何而來？它來自我們對自己是誰和所擁有事物的不滿足。因為我們已經變成一個「一定要有」的社會：看到廣告裡的東西，我們一定要有。注意到朋友買了什麼新玩意兒，我們也要有。當我們沒有想要的東西，我們變得極度失望和不滿，我們甚至願意負債消費，犧牲與家人相處的時間，不眠不休地工作，這一切只為了擁有更多，和更多。

然而，當我們如此不顧一切地去得到我們想要的東西，會是什麼狀況？我們散發出很不吸引人的能量，因為我們不單覺得不滿，我們還有被剝奪的感覺。我們不斷執著在欠缺的事物，於是當看到別人擁有我們渴求的東西，我們變得妒忌。

擁有十萬美金住家的人，可能在開車路過三十萬美元的房產時，覺得自己很窮，而擁有三十萬住宅的人在看到價值六十萬美元的房子也很容易自慚形穢。這個「一定要有」的項目可以一直衍生——想想看這些負面情緒會創造出怎樣的能量！你的個人能量場將經常散發明顯的焦慮、渴求與失望的振頻。你送出如此不平靜和不吸引人的信號，使得宇宙難以給你任何正面回應，而這也就是第四個宇宙法則的確切真理：你迫切渴望擁有的事物必然會被你推開。

> 矛盾意圖法則反映的是磁性法則的警示版：你的負面能量會回到你自己身上。如果你極度渴望某事發生，那種令人反感與排斥的振動會把那些可能帶給你渴望結果的人與情勢推開。你的迫切情緒會產生和你原本意圖相反——或矛盾——的能量，因而將你帶往失敗而非成功。

宇宙希望你能實現你所有的渴望，當你和成功法則調諧一致時，宇宙將以所有的力量幫助你實現夢想——可是絕望和迫切不安卻會破壞這一切。這不是因為宇宙想延緩你的夢想達成，事實恰好相反：宇宙希望你停止等待遙遠未來的朦朧幸福，它要你現在就享受生命，現在就進入一個不同的、更高階的振動。

當你放下急迫的心態並選擇信任，當你放下失望的心情並在當下選擇平靜，最好的能量就會發生。

當你活得不滿足，你就不可能快樂。當你執著於你所沒有的，你就引來更多的匱乏。當你為自己寫下一長串必須達成才能快樂的目標時，你也就放棄了當下便能擁有的滿足。

事實上，直到你擁有想要的事物之前，你都會覺得不開心。你感覺像是少了什麼，而除非你填補這個欠缺，你就是無法放鬆。但如此一來，你不但沒有享受人生和珍惜你所擁有的，你反而一直把時間花在渴求更多並持續費盡心力去獲得更多。

就能量和意識的法則來說，這是很嚴重的錯誤。當你放棄今天的快樂，轉而去擁抱不確定的明天帶來的不幸時，你等於關閉了接收的意願。你的心智模式從珍惜感激移轉到欠缺和需求的意識——而當你做出這個決定，你就失去了成功的力量。

這可不是件小事。當你用渴求其他事物的眼光來看待自己擁有的一切時，會有什麼影響？你因為投射出很不吸引人的悲慘能量而將自己送往失敗之路。你需要其他事物才能快樂的想法，總會使你把自己目前的處境認知為怎麼就是不夠好。

想想看，當你執迷地想著生命裡的不對勁時，那是怎樣的感受？你感到失望、悲傷與渴求，而這些都是強烈的情緒，它們會吸引非常辛苦的結果。這樣的惱人能量破壞你的成功，它的力道難以抗拒，你也無法規避這個法則的力量。如果你持續散播失望/絕望的能量，再多的努力也只會引來更無助的情境和更深的無望感。

我們的一切情緒若不是帶著正面，就是帶著負面振動，這是無可避免的事實。令人振奮開心的情緒會創造順暢和美好的結果，不快樂的情緒則產生阻滯和不明確或有問題的後果。然而，藉由轉換你的思想和你所專注的事物，你就能改變你的情緒和你的共振。

為了開啟正面吸引力的大門，你必須放下迫切的心態並轉換到信任的思緒。要開創成功的意識，你就要將專注力從你所欠缺的，轉移到你珍惜和感謝的事物上。

執著於生命裡缺少的東西，事實上會將你的能量導向失去更多的狀態。如果你總在抱怨你所沒有的，這樣的態度只會製造出更多令你抱怨的情況。你必須將熱情投入在**體驗你現在就想要的感受**上，這樣你才能在未來吸引更多同樣的感受。這稱之為振動的誘導現象（vibrational entrainment），它是和這個法則調諧所必須的。想想看，當目標實現後，你會有多感激，然後為你現在生命所擁有的，去體會那樣的感激心情。

超越自相矛盾的意圖

很多人發現要放下迫切感很不容易，因為他們已經把過多的情緒體驗依附在對未來的渴望和結果上。他們擔心如果夢想沒能成真，自己是否可以面對；他們害怕內心的渴望若無法達成，他們將無以承受。然而，當你陷入這種自相矛盾的意圖時，你對目標的主要想法就會是「沒有它，我快樂不起來。」如果這是你的核心信念，那麼無法快樂就真的會成為你的實相。

當我為我的第一本書《吸引力的秘密》（Secrets of Attraction）尋找出版社時，正是這樣的寫照。多年來，我將量子物理和吸引愛情的法則傳授給想追求愛情的客戶，許多人也都有了驚人成果。後來我開始在研討會裡教導這些概念，大家都問我哪裡可以買到這個主題的書。當時市面上並沒有把這些自然法則應用在愛情的書籍，我因此決定自己來寫一本。

我自行付印了一本小書，除了送給客戶，也在研討會銷售。大家開始幫親友購買並問我還有什麼地方可以買到。隨著需求的增加，我決定尋找出版社正式出版。

這個決定在我心裡引發相當的衝擊，因為它重燃了我存在已久的內心渴望。打從十二歲起，我就想寫作。那時的我讀了一本敘述二次世界大戰後一位東柏林青少年的書。書裡充滿感傷又帶著幽默的筆觸令我又哭又笑。印刷的世界從不曾那樣觸動我的心。我那時就決定，我要寫出能打動人們生命的作品。因此，我對於出版自己的書感到非常興奮，但這並非我唯一感受到的情緒；我對出書也充滿焦慮和急迫感。

我除了將先前自力付印的版本重新撰寫和編輯外，也用新增了幾章的內容大綱做成出版提案。找到經紀人不是問題——問題出在經紀人一直找不到出版商。

我的第一位經紀人非常熱心，她有把握可以馬上賣出這本書的版權。她將提案寄給紐約市一些大型出版社，得到的反應非常類似。我的書被當成是又一本愛情主題的作品而不被考慮，因為「外面已經有太多探討愛情關係的著作了。」

這令我非常沮喪，因為我知道，雖然有很多談論愛情的書，但沒有一本是以量子物理學的吸引力原理為基礎所撰寫。我幾乎每星期就會收到一次拒絕通知；我發現自己越來越絕望。經過了大約一打的拒絕後，我的第一位經紀人表示，她已經沒有其他地方可以嘗試了，於是我找了另一位經紀人，她又試了另外半打的出版社——結果完全一樣。沒多久，她也放棄了。

最初，我因為這樣的結果陷入沮喪的迴圈。出書的童年夢想似乎瀕臨破滅，我自憐自艾了好一段時日，但我終於了解，我正是處於矛盾意圖的負面能量裡，我不自覺地擁抱了非要出版那本書才能快樂的信念。我被困在相互衝突的意圖，因此這本書的出版遙遙無期，而我也一天比一天悲慘。我知道我非得做些改變才行！

我開始每天透過冥想來釋放我的矛盾意圖。我知道自己一定要放下這個迫切的需求，但每當我以「如果書沒有出版，也沒關係」來自我肯定時，我就開始哭泣。我明白我是為了可能失去的夢想而哀傷，但我無論如何都必須回到「當下就快樂」的狀態，因此我允許自己讓這個過程帶引我釋放感受。

這樣過了好幾個星期，我透過每天的冥想，並且容許自己悲傷，持續釋放內心那執著的需求。慢慢地，我能夠真正臣服了。我也有了決定：我會繼續將書稿分送出版社，但如果最後我註定只能自力出版，然後在自己的研討會裡銷售，我也會開心地這麼做，並且從這個經驗裡體認它的價值。我決定抱著愉悅的心情繼續追求夢想。我不再流淚，因為我已經能真正放下。

矛盾意圖法則的有趣之處就在於真心放下後，才會有美好結果——我的情況也不例外。

就在我真心臣服後的幾個月內，我遇到某人建議我試試賀屋出版社（Hay House）。最初我沒有理會這個可能性，主要是因為我認為賀屋一定也看過了書稿。在一連串令人失望的拒絕信裡，一切已不可考。但當發現不是這麼回事時，我知道這個想法很吸引我。路易絲・賀（Louis Hay）曾經為我的生命帶來許多有力的正面影響，她的書陪伴我走過不少難熬的日子，在我父親過世後，她自我肯定的歌更是我的救命恩人。因此我決定試試。

這整個投稿和等候的過程歷經了幾個月，但我因為已經放下了急迫感，不再有之前的焦慮。事實上，我心情輕鬆到甚至忘了這事。幾個月後，我收到提案被接受的消息，我簡直欣喜若狂！出書的夢想成真，但這還只是開始。我現在了解，賀屋就是我註定要合作的出版社，一家與我共鳴最深的公司。當時被多次拒絕的我非常沮喪，如今我知道我是深受宇宙的護佑。

過去這幾年，我遇到一些和其他出版社合作的作者，他們都不曾得到像我在賀屋這般個人化的照顧或真誠支持。我是和這個行業最棒的人一起合作，他們擁有真誠的愛與意圖，想要將希望、人生目標以及和平的訊息傳遞給這個世界。我感覺自己和賀屋的每個人就像朋友一樣。

此外，賀屋還在世界各地出版我的書。我收到無數信函和電子郵件，來自全美各地、澳洲、英國、愛爾蘭、新加坡、德國、印度，甚至俄羅斯和阿爾巴尼亞的讀者——他們都想告訴我，這些法則是如何改變了他們的人生。這些訊息對我意義之重大遠超過我能言傳，它們是我自十二歲起就抱持的渴望的具體實現。而我也相信：如果我沒有先被其他出版社拒絕，這些美好的事一件也不會發生！

那段不斷投稿又不斷被拒絕的過程持續了將近兩年，我一直很難受，直到我終於放下；而我現在了解，那原來是祝福。有時候，宇宙並不會照我們想要的回應我們，因為在這條路上其實有更美好的事物。它可能只是比較開心的結果，也可能是對我們的個人成長有更多幫助，或是一個讓我們學會如何信任和放下的過程。在我的例子裡，上述的理由通通成立。

我現在很確定，第一年沒有被出版社接受書稿，反而使我在專業生涯發展得更好。更重要的是，它給了我機會讓我學習處理自己急迫與控制的問題。我因此必須直接面對自己的矛盾意圖，也不得不學習活在信任和自我建構的幸福裡。正因為我不斷選擇在當下就快樂，才帶來了我想要的結果。

矛盾意圖法則指出個人成就的基本矛盾：你可以得到你想要的——只要你瞭解你不需要它才能快樂！這個法則迫使你把急切的意圖轉換為平靜的追求。絕對不要送出你願意等候快樂的能量——只要傳送你願意等待目標的達成。需要某個特定成就才能讓你平靜和喜悅的想法，只會產生迫切的能量，而這對成功的共振絕對有害，因此要清楚你的意圖，並且動機裡不要存有任何恐懼。記得，你追求你的目標是因為你想提升已經幸福的人生，而不是因為不達成這些目標你就會鬱悶不樂。

當我面對出書的事，我就會不自覺地編織出一個絕望和迫切需求的情緒網絡。我將自己的價值，甚至對自己的認同通通投入其中，我替自己描繪了許多如果書沒能出版的悲慘結果。我把它視為童年夢想的終結——甚至是我愉快的專業諮商生涯的末日。我也覺得我再也不能把自己定位成一個作家。

然而，這些假設沒有一件是真的，因為我已經是個作者，已經在追求童年的夢想，而且我在努力達成目標的同時，也能夠選擇快樂。我的價值是真確無疑的，而且我負責為自己定義。

我當時必須提醒自己，成功並不是建立在任何單一事件上。我必須回到我的純淨意圖：我之所以想寫作是為了分享我認為對人們生活會有幫助的資料。其他看似重要的事，沒有一件是真正重要的。而就在我放下它們後，這些事也都獲得了解決。

成功日誌

打開日誌，檢視你的渴望清單。回答下列問題，找出你真正的意圖：

- 哪些潛藏的需求可能對你追求目標的過程造成傷害？如果你對目標的需求相當執著，你正是把你的能量和意識都專注在生命的欠缺上。
- 對你而言，達成目標的真正意義是什麼？千萬不要讓目標和定義自己、拯救自己或是讓自己快樂有關。讓追求目標純粹為了目標本身。

要有耐心，並且信任神聖的時間表。你生活在宇宙的美麗織錦裡，你的命運圖像是由你的能量、意識與意圖的絲線編織而成。讓自己用正面能量、具創造力的意識，以及純粹、沒有矛盾的意圖來編織未來。千萬不要只執著在單一選項或解決方案。放下你的急迫。當你的主要目標是抱持樂觀和信任的態度生活時，你的其他渴望自然會水到渠成。

自我肯定語：釋放矛盾意圖

- 我知道宇宙是豐盛的，我所想望的都能獲得。
- 我釋放急迫感。我放鬆自己，我是平靜、有毅力和有耐心的。
- 我放下對匱乏的執念，從現在起，我選擇只看見生命的價值與祝福。
- 我釋放內心的迫切並活在信任裡。我知道當我釋放需求，我就能吸引我的渴望在生活裡實現。
- 我正在學習臣服的藝術。我信任並且真正確實的放下。

第五章

和諧法則

成功的第五個宇宙法則

「維持你的思想、感受與行動間的和諧。實現目標的最可靠方法，就是消除你的思想、感受和生活方式之間的任何衝突或不一致。」

——韋恩・戴爾博士（Dr. Wayne W. Dyer）* 自我成長領域的知名作家

在量子物理學中，貝爾（Bell）的非定域性（nonlocality）定理證明了一個位於此處的粒子的行動可以影響相隔遙遠的另一個粒子。這個發現在個人層面一樣真實，因為我們生活在所有事物相互連結的宇宙裡。

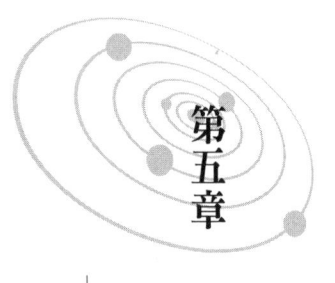

永不止息的能量無時無刻不在我們體內和周圍振動，不僅串連我們彼此，也將我們和不斷流動的宇宙能量與事件相連。當我們處在和諧狀態時，我們便進入無盡且無所不在的恩典與富足。但當我們失去和諧，我們便是讓自己脫離這豐饒之流，停滯在河床上，看著祝福從身邊流逝。

也因此，和諧的能量是通往**同時性**這個神奇現象的關鍵。在同時性裡，能量的完美契合開啟了一整個世界的美妙可能性。和諧的能量提供驚人的巧合，促使結果實現。當同步性現象發生，我們就會在完美的時間，在剛好的地方，發現我們恰恰需要的——譬如能幫助我們的人正好出現，我們得到正需要的資訊，以及靈感突然浮現。正因為**和諧**是宇宙能量的匯流處，意圖和結果在這裡神奇地相遇。但這不是魔法，也不是隨機發生的現象。和諧講的就是調諧校準——調諧能量、意識，以至意圖。

和諧法則闡述當你有意識的選擇創造平衡，並將自己和宇宙調諧校準時，你的意圖與能量便開啟了豐盛宇宙的門戶，你因此能接通宇宙所能供給的一切洞見、力量與恩典。為了到達這個崇高莊嚴的境界，你的能量必須和你內在及周圍所有的振動源頭調諧。你必須讓你的能量與自己、他人和宇宙和諧一致。

自我的和諧

所有的法則——和所有的解答——都從自己開始。與自己處於和諧狀態就是在你的思想、情緒和行動之間建立起平衡，這可以透過你每天的選擇做到。因為你的生活方式——從看似無關緊要的想法到最重大的決定——都影響著你個人能量的和諧程度。

平衡的思想不是散亂或憂慮的；它們是平靜、穩定，並且專注在眼前的工作。這個心理狀態是從接納自己開始，進而平靜鎮定地看待生命的變幻無常。這麼說可能有些奇怪，但這種可以帶來和諧的平衡，是來自在兩個看似相反的意圖中保持穩定，那就是**負起完全的責任**和**放下掌控**的念頭。

真正的自我負責表示你為你的人生品質負起百分之百的責任。你控制自己的思想、情緒和你所創造的結果。這個任務可能有些難度，因此把它當成一項「過程」就很重要。我們一直在生活、創造和吸引事物的狀態中，當我們在想法與行為上做出更多值得榮耀的選擇時，我們的頻率提升，我們的意識也跟著改變。而隨著時間的進展，我們會越來越能自然而然地做出更高善的選擇並促進更偉大的和諧。

要協助啟動和諧過程的最好方式之一，就是每當發現你在自我批判時，有意識的介入並停止。平衡的思想帶有愛的振頻，即使這些思想的主角是我們自己，因為**接納自我**是通往更高階意識和更具吸引力能量的關鍵。因此，現在就停止自我批判；你無法既憎恨自己又與自己和諧。

如果你厭惡上帝的創作，你就無法置身於神性的流動；只要你腦裡的想法是要你去懼怕或控制別人，你就無法與他人和諧相處。這一點對改變你的意識和能量絕對是關鍵。要能活得平衡並接通豐盛的神奇能量之流，你必須先和自己和諧共處才行。

平靜的重要與順位

要與自己和諧，從尋求平靜的心智和心靈開始，因為所有的祝福皆源自於此。這不只是單純的「正面思考」理論，這也絕對是能量上的事實。當你的思想和情緒裡的衝突越多，你從外在世界吸引到的不和諧也越多。

最和諧——也最成功——的情緒，就是愛、平靜、接納，還有對人生的熱情。如果你不能學著讓這些美好的核心情緒在你日常生活佔有主要地位，那麼你將繼續勞勞碌碌卻始終沒能有什麼成績。為了避免這個情況，你需要回到平衡的狀態。你的認知中心必須是**接納自己**，你的情緒核心也必須是**愛自己**。

這樣的平靜基礎會讓你不論在時間或個人行動的優先順位上，都更容易取得平衡。生活裡雖然有許多領域常需要我們的關注，像是事業和家庭，但我們可能會把大部分精神投入在某個領域，有時對其它方面不怎麼理會。不論這看來有多自然或理所當然，一旦優先順位不平衡，必然會產生內在的能量問題，因為你送出的信息是你願意放棄對你來說重要的事。

這些清楚的振動訊息只會為你吸引來那些要求你放棄更多的人與情境。而如果你一直把自己放在最後，你將會發現，在實現自己的渴望這件事上，你也再度是最後順位。因為宇宙總是會把你的優先順序如實的回應給你，這點是無可規避的。

行動的和諧則顯示你對自己、你所愛的人、你的事業，以及你個人目標的一種健康的尊重。這是種需要協調而達到的平衡作法，但它值得我們努力。為了創造最高的和諧共振，你必須對你的生理與情緒能量非常覺察才行。

如果你的生活總是被無止盡的事務壓得透不過氣，成天在一個接一個的會面裡忙得團團轉，那麼你的振動會是焦躁不安，而且你也會從他人那裡吸引更多的困難和混亂。如果你總是把時間花在一些令你分心沉溺的嗜好或成癮活動上，這樣的狀態會打亂你的和諧共振，阻擾原本朝夢想前進的流暢振動。總之，當你失去平衡，你也失去了和諧，你的振動也因此和宇宙能量脫軌。

和諧的選擇是平靜穩定的，它是以**和平取代衝突，以信任取代恐懼，以珍視取代論斷**——而你在任何時候都能做這樣的決定。你可以釋放腦袋裡的混亂喧囂，放下內心的恐懼害怕；你可以允許自己選擇平和、信任和價值。

現在，就閉上雙眼，然後深深的呼吸，把一切都放下……好好感受這麼做所帶來的意識轉換。

成功日誌

你也可以用日誌來釋放你的負面想法。

- 假使你感到沮喪，把腦裡想到的事記下來，然後寫一個比較正面的假設。如果你覺得害怕，肯定的告訴自己你正轉移到信任；如果你是感到氣憤，也把心裡的憤怒寫下來。這麼做會幫助你有意識地去創造更平靜的情緒。
- 讓你的能量通通風，將負面情況釋放給宇宙。祝福這些負面情緒和情境，然後把它們徹底的放下。

與他人和諧共處

和諧的共振是從自己開始，然後向外連結每一個人，每一個生命。當人們彼此和諧，就能共奏一首美麗的振動交響曲。你就位在樂曲的核心，透過它，你在你生命的各個部份都能創造出美妙旋律。然而要成為這輝煌樂音的一部份——不單是坐在聽眾席——你必須使自己的能量與別人的能量契合。

要達到真正的和諧，你必須能平等地接納自己和他人，既非尋求他人的認可，也不否定他人。如果你想讓自己脫離衝突的破壞性能量，這麼做絕對有其必要。如果你對抗宇宙，你便無法從宇宙獲得協助，因此**你的意圖必須是尋求合一，而非分離，並且認知到自己與他人的相似之處，而非差異**。這不只是一個理想化的世界觀，如果你真心想創造成功的能量，這麼做是根本且必要的。

你對外界/他人的觀點和你如何看待自己也有相當的關連。它是你個人實相和意識的一個主要部份。如果你認為這個世界是個競爭不斷的競技場，你就會發展出以恐懼為基礎的心態去追求你的目標。一旦你將他人視為影響幸福的潛在威脅，你就註定活在懼怕之中，每每出於絕望和急迫而行動。

然而，當你了解到**你**是一切解答的源頭，就沒有任何人會是你的威脅。當你活在愛與接納的較高能量時，你吸引到的是支持你，而不是威脅你的人。事實上，當你拒絕接納他人，你其實是把自己的力量交給了對方。你的能量說，「你有能力讓我生氣（或恐懼）；你的力量大過我。」

但當你做出接納他人的選擇，你就重獲你的力量。你掌控自己的情緒和能量，創造出更高階、更平和，一個和宇宙意圖契合的意識。你選擇接納他人，顯示你願意共同努力把和諧帶給自己，帶給彼此和這個世界——因此，你接納越多，你在能量場就越有影響力。拒絕接納他人不只削弱你的力量，實際上還會吸引來帶給你更多挑戰的人和處境。

憎恨會發送帶有鋸齒狀能量的敵意戳刺，這是一種或許可以成功傷害他人，但影響卻不僅於此的共振。這些負面能量的矛頭，從宇宙攫取更多的負面性，它聚集負面動能，然後帶回更多的敵意。就算只是為了自己，你都必須放下論斷，超越恐懼，選擇用愛和接納取代。

當你能悲憫看待他人，你就能達到真正的和諧。換句話說，你從自己的經驗抽離，想像自己在他人的情境裡。隨著越來越多人選擇去認識和看見彼此共享的人性及相連的意識，他們的同理心擴大了和諧的流動，創造出深刻和令人喜悅的合一能量——這種因瞭解而達到的和諧可以提升你和每個參與者的振動。

和宇宙和諧

你的能量振動並不受時間與空間的限制，你的影響力在這個宇宙的任何時空都能被感受到。你透過所做、所說和所想的一切，對外發送標示著你的名字的頻率。它會跟其它類似的波長融合，而後這些累積的振動會再回到你的生活。你是吸引到好或不好的能量，就取決於你所契合的能量類型。

當你和宇宙源頭——那創造了所有實相的偉大意識——連結時，你就和宇宙產生了和諧的振波。如果你真心想要自己的能量和世上每個正面振動契合，你唯一要做的，就是與神性意識連結。神性意識是永恆的存在，並且遠比你認為的更接近你。

有趣的是，當人們追求目標時，他們總想忽略，甚至抗拒這個強大的力量。或許神性的臨在是個陌生概念，或許它激起令人恐懼的記憶，也或者它過於抽象或教條。無論是什麼原因，許多人抗拒去召喚這個力量，也因此切斷了他們與解答的主要源頭的聯繫。

不論你是否想稱這個偉大的創造意識為上帝、愛的源頭、創造力，或只是宇宙，都是你的決定。重要的是，你與祂之間不可否認的連結。

你是神聖的靈魂與心靈，因神性意圖的顯化而存在。一切創造的更高智慧，時時刻刻在你的內心和週遭振動著。

你越是能將你的能量和這份至高力量的心跳契合，你就越能進入宇宙恩典的流動。你越能在意識和能量層面上真正認知到你的神聖身份/神性，你就越能將清明帶到你所做的每件事。

當你和宇宙充滿愛的意圖調諧時，你就能看得清晰，意圖純淨，並充滿創意地行動。

透過以下的自我肯定語，開始認知你內在的無窮力量。

我與愛的源頭同在。我和神性臨在在所有事物裡連結；我在自己和所有人身上認知到這份神性。

我從這個至高力量和無所不愛的源頭吸引無盡的祝福，我對此深懷感激。

冥想：你的神聖連結

這個過程會幫助你將你的能量與宇宙調諧。你可以在睡前進行，或是在白天找幾分鐘放鬆並提醒自己這個存在於生命裡的最巨大的愛的力量。如果錄音對你比較方便，你可以錄下來在睡前播放。讓自己專注在這些話語上，如果心智開始渙散，試著溫和地提醒自己去感受內心深處與神性的連繫。

首先，溫柔地觀想太陽的光芒和溫暖流經你的全身，你因此感到放鬆而平靜。你注意到內心有個散發耀眼光輝，充滿力量的神聖臨在。這是神的愛的指標，它帶給你沉著安全的感覺並以莊嚴的平靜充滿你的心。這裡是內在的靜謐點和連結處，所有充滿愛的神性靈體在這裡以無條件和完美的愛之光擁抱著你。

感覺這個光；呼吸這個光；成為這個光。讓自己體驗被神聖愛的能量充滿的感覺。祂就如一口永恆的水井，一道取之不盡的啟迪之泉，以智慧與喜悅充盈你心。每一滴都帶來透澈與平靜，每一個振動都帶來鼓勵和愛。

這是神性臨在的恩典體現，這是來自完美和永恆源頭並且永遠存在的贈禮。無論何時，你都能感受到這個完美的光；無論何時，你都能召喚上帝的力量與臨在。讓自己和這個在你神聖內心振動的耀眼光芒的能量契合——你的心與神性的心，你的愛與神性的愛，你的意圖與神性的意圖都完美地契合。這是你的神聖連結……祂願意，也隨時等候被你召喚。讓自己對祂的美妙能量開放；知道這個充滿愛的存在，每天都與你同在。

當你選擇與自己、他人以及充滿愛的神性能量調諧時，你就在生活的每一處灑下神奇咒語。和諧是同時性的中心，也是神奇能量的源頭，它能將衝突轉化為和平，將困境轉化為幸福。任何時候，只要一有機會，隨時回到這份平靜和安寧裡。

自我肯定語：活在和諧之中

- 我總是為自己的思想、情緒和生命品質負起責任。
- 我過著平衡又快樂的生活。我現在就選擇和諧。
- 我接受我自己；我接納他人。我認知到神性的光存在於所有人的內心。
- 豐足的財富與幸福在宇宙自由地流動；我值得收到我渴望的一切。
- 我與宇宙合一。我開放自己接受身邊一切恩典和愛的流動。

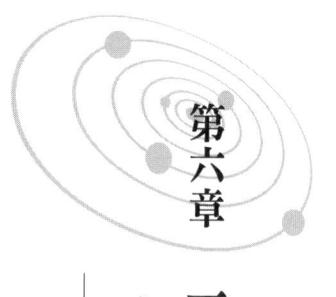

第六章

正確行動法則

成功的第六個宇宙法則

「我們必須成為我們想在這世上看到的改變。」

——甘地（Mohandas K. Gandhi）

正確行動法則與磁性法則緊密相連。它們都屬能量的互換，但其中又有些細微差異。雖然磁性法則主要和你如何對待自己有關，本章探討的不只於此，它還延伸到對待他人的部份。這會是有意思的兩難，因為很多人誤以為他們無法在兩者間有效地取捨。他們認為要對自己好就必須自私——或是為了對別人好，就得犧牲自己。然而正確行動的法則指出，不必然是這麼回事。

你的每一分能量輸出都會累積，而累積的一切——無論是針對自己或他人——都創造了一種類似命運銀行的帳戶。你的每個思緒、每個行為、每個與他人的互動——不論是好是壞——都成為你投資的一部分。如果你只買進「負面」，你也將得到「負面」。不論你的行為是和自己或他人相關，這個道理同樣成立。

> 正確行動法則指出，你的能量會自行存續於這個世界。當你在所處的環境裡宣揚價值、榮譽和尊嚴，這些品質也同樣在你的人生等比增加。反過來說，如果你的行為是摧毀價值、榮譽或他人的尊嚴，這些破壞在日後也會回到你身上。
>
> 根據這個法則，你對每個選擇都必須問問自己這個核心問題：「這麼做會榮耀自己和別人嗎？」

這就是你所有能量選項的關鍵點。終其一生，你所做的選擇若非提升，就是耗損你的榮譽感。不論是你平日生活的選擇、你和自己的習慣性對話，或是與他人的互動皆然。你的生活充滿不斷的選擇，而你所做的選擇對於導引你的命運是走向幸福或挫折，都有能量上的責任。

光榮的能量是你所能散播的最具磁性和吸引力的頻率。當你選擇它時，你在心裡會有強烈的感受；而當你做了不榮譽的選擇，你也會覺得怪怪的。即使事情暫且看來不錯，你就是感覺不對。雖然並沒有什麼既定或不變的規則可以清楚定義這其中的差別，然而你的心就是知道。每當你思考、說話、下決定或採取某個作法，你心裡會知道你所投射出去的是不是會把價值帶回生命裡的光榮能量。

我曾經有位客戶，凱西，她在一家大型的電腦軟體設計公司擔任中階主管，她底下有七個每天要向她報告的部屬。凱西負責將她團隊的工作成果向上頭主管呈報，然後她的主管再向大老闆報告。身為小組領導人的凱西，工作非常勤奮，她的目標是朝管理職位升遷。

但剛任職沒多久，凱西就發現直屬主管會將她報告上的一些數據修改後再呈給老闆。最初這看來無關緊要，但這個作法還是讓凱西感覺不舒服，她曾猶豫是否要說些什麼。凱西不喜歡和人對立，她的主管則總是挑剔並對凱西的工作表現表示不滿。

無論如何，凱西最後還是當面質問了主管，主管要凱西不要無事生波，她說只是些小變動，而且保證不再發生。她說現在提這些並沒有意義。

事情平息了一段時日，但幾個月後，凱西發現主管又開始編造資料，做些可以拿到較高預算或多爭取些時間的事——而主管也再次說服凱西不要聲張。這個情況大約持續了一年，公司在這段期間公佈了兩次升遷機會，凱西兩次都申請，但都落空。她沒有得到主管的推薦，因為主管想繼續掌控；主管知道她可以操控凱西，因此把凱西留在身邊。

凱西變得對工作非常不滿，她對主管缺乏尊重和正直的作法感到厭惡，對於升遷也不再抱持希望。她因為導致的憂鬱前來接受諮商，但她並沒意會到自己必須處理的第一件事就是這種種的不榮譽感。這段經驗充滿了不光榮的作風，凱西的憂鬱消沉正是源自於此。

凱西所犯的第一個錯誤，就是容許主管不尊重她。許多人也犯同樣的錯，因為他們覺得自己不能對抗權威。雖然這不是容易面對的處境，但問題仍須被正視和表達。要知道，自我否定的能量非常沉重，它會帶來嚴重的後果。

凱西內心很煎熬，她在公司不但沒得到升遷，最重要的，她因為害怕被解僱，一直情願犧牲她的正直還有對自我的尊重。她因此羞辱了自己、老闆、她的客戶和她的工作；雖然最初看來不是如此，但她其實也羞辱了這一切問題的核心，也就是她的主管。

當我和凱西討論到宇宙法則還有她的能量時，她立刻明白自己該怎麼做。雖然這麼做不容易，但凱西還是告訴主管，事情必須改變。她表達她需要更多的尊重，而且她知道這是她應得的。凱西也告訴主管，老闆必須知道這些報告被修改過的事。她建議她們一起去找老闆談，出乎她的意料，主管接受了提議。

凱西尊重自己的行動有了回報。老闆讚賞她的勇氣與誠實，他甚至也原諒做出這些事的主管，因為她管理太多小組，顯然已超過能力負荷。事實上，老闆還提出了一個立即的解決方案：他拔擢凱西，把原來歸凱西主管所管理的一些小組交由凱西負責，而且還幫她加薪。

這樣的發展對每個人來說都理想多了。凱西的收入增加，也得到了她一直渴望的肯定；直屬主管的壓力也獲得減輕。公司的運作變得更有效率，老闆也獲得事情都在正軌運作的保證。

在這個例子裡，榮譽的問題顯而易見，然而有許多時候，要找出正確的決定並非那麼容易。這時候，你必須聆聽內心，尋找和你個人尊嚴共鳴的選擇。正確的行動或許不是最容易做的事，但它永遠是對所有相關人士最好的能量。

當你心有疑慮時，不妨參考以下指南。

採取正確行動的指南

- 永遠對你自己、你的決定、你的感受、你的能量，還有你的行為負起責任。
- 做出有助提升你的心智、身體和情緒健康的選擇。對每個情況都自問怎麼做你會感到光榮。
- 從自己的內在尋找最真實的力量，而非向外尋求操弄或掌控。
- 尊重自己，也要求別人尊重你。
- 尊重他人，放下評斷，慈悲待人。
- 說真話，但不要殘忍。
- 永遠要有活得有尊嚴和自我實現的勇氣——不責怪，不找藉口。

當你採取的是正確行動時，你會知道的。價值會在你心歡唱，吸引力的回音傳送著代表你的美妙旋律。正確行動會引動和諧，並將**宇宙**的正確行動帶回給你；它是真正的**愛的意圖**的道路。

愛的意圖

正確行動背後的主要意圖就是**創造價值**和**擴展愛**。事實上，愛是所有創造力得以成功顯化的能量觸媒。當我們將自己的思想與愛的振動力量校準時，我們就是將自己的頻率和創造萬物的高層意識連結。在追尋夢想的路上，再沒有比這個更偉大的力量能為我們所用了。

愛的意圖使我們採取會增進自己和他人生命價值的作法。當我們說做「對」的事，我們是指做出尊重、關愛和榮耀的決定。透過這個方式，我們就有在每個互動和體驗裡提升振動的選項。我們可以選擇接納而非責備，選擇支持而非打擊或澆冷水，選擇看重而非忽視，選擇賦予力量而非控制。每一天，我們都面對許多這類選擇——不論是以稱讚或論斷的形式。你和別人的互動是定義你的主要方法——幾乎就跟你和自己的互動一樣。當你選擇用尊重和光榮的方式對待別人時，你的能量就會帶著正確行動的振動。

我們都是特別的。不論我們怎麼否認，我們每個人都在萬物的永恆計畫裡扮演極為重要的角色。很多人相信我們的特殊性決定於我們所做的偉大行動、所累積的財富或表現出的才華與美麗。然而，宇宙的運作就如一個巨大而精巧繁複的時鐘——它可能有華麗的大鐘擺、移動的美麗數字，還有鍍金的指針，但也有從外觀看不出重要性的無數小零件。而即使是最小，看起來最不起眼的部份，每個零件都是重要且特別的。

我們人類的架構也是由許多不同功能所構成的複雜網絡，然而相互間又以某種深具意義的方式連結。不論我們是否知道，我們每個人在宇宙的繁複機制裡都是特別的，我們將自身獨特的能量帶進整體的偉大經驗裡頭。

如果我們選擇否定自身的獨特性，貶低或輕視自己和他人的生命價值，那麼我們就阻礙了那個代表我們全體目標的時鐘的順暢運作。如果我們學著榮耀自己的獨特性，也將別人——不論他們的狀況如何——都視為這個神聖鐘錶構造裡的重要機制，我們就能夠將整個宇宙視為一個整體。而我們對自己與他人的尊重也將使正確行動在各個方向擴展。

正確的行動說的不是道德；它說的是能量的因與果。事實上，有些人會把它稱為**因果法則**。無論是什麼名稱，以下這個能量事實都是無可否認的：你對他人發送的能量將原原本本地回到你身上。如果你心中帶著恨又喜歡操弄別人，你終會在人生中被同樣對待。如果你虛假不誠實，日後人們也會如此待你。

磁性法則說明你的榮譽感該專注在你如何對待自己，**正確行動法則**則說，它應該聚焦在你如何對待他人。這兩者可能看似矛盾，然而，如果你活得平衡，你就能做到重視別人也不犧牲自己，你能使光榮的作為（或稱正確行動）成為你日常生活的一部份。

行事光榮的意圖建立在**愛**。選擇做光榮的事會提昇你的尊嚴，並帶給你可靠真實——而非虛假——的力量。你將不再需要從傲慢自大或敵意，甚至恐懼的毒性能量裡取得權力。而你對行動所產生的能量後果的評估能力，將一路幫助你做出正確的選擇——採取光榮的行為。

當有疑惑時，想想愛和光榮的選項——這就是正確行動法則的內涵——它是一個永遠會為你帶來正確結果的選擇。

自我肯定語：正確行動

- 在我所想和所做的一切，我做出光榮自我，不令自己蒙羞的選擇。
- 我越來越能選擇尊重別人並釋放評斷的心態。我心懷悲憫。
- 我了解我的行為會回歸到自己身上。我總是選擇正確的行動。
- 我放下競爭的心態，選擇以不同的觀點看待人們。每個人對我來說，都是祝福。
- 我越來越能意識到他人的能量。從現在起，我選擇用接納和愛對待他人。

第七章

擴展的影響力法則

成功的第七個宇宙法則

「萬物是由某個會思考的東西所創，而這個會思考的東西，在其初始的狀態瀰漫、穿透，並充滿了宇宙的空隙。」

——華勒思・華特斯（Wallace.D Wattles）*作者

第七個法則揭示你的共振如何影響別人，別人的共振又如何影響你。生命裡的一切都是能量的交換，能量一直在每個人的周遭流動，而這個能量積累的持續過程，創造出每個人生活中的情緒暗流與振動。

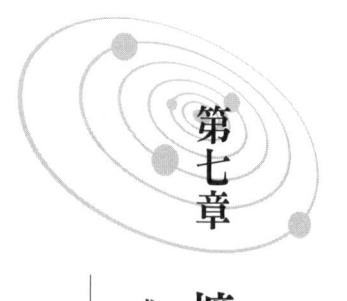

當然，有些量子物理現象證明了這個運作的過程與影響。第一個影響被稱為糾纏狀態（Phase Entanglement）。在自然世界，粒子聚合和分離，但往往兩個粒子聚集後，它們在分開時會帶走另一個粒子的一部份，這就是糾纏狀態的本質——當兩個實體/存在體相遇，彼此的能量相互依附；當各自前進，也都留下些什麼給另一個實體。

人類的情緒經驗也同樣會呈現糾纏狀態。事實上，這個現象每天都發生在每個人身上。我們和別人互動，而後帶走他們的振動——就如他們帶了我們的振動一樣。舉例來說，當我們和一個情緒化的青少年爭論時，我們自己也會變得煩躁易怒。當我們和沮喪的人相處一陣子，我們可能會注意到自己的情緒低落——即便是離開對方很久之後。在一個快樂的人身邊，我們自然感到心情愉快。情緒會感染，每個人的能量都有影響力。

上述原理在我們追求成功的路上極為重要。由於能量影響的錯綜交織，我們必須敏銳覺察我們所打造的關係，不僅是在個人生活，在社交和專業領域也是一樣。因為別人的情緒和精神不只影響我們的思想、心情和幸福感，它也會形塑我們的選擇。

你可以想見當擁有或管理一份事業時，這個能量模式會是何等重要的考量——這個現象使得僱用正直的員工格外重要。由於能量的影響力會在世界擴展，你當然不希望有著較低振動的某人在自己的工作場所散播輕忽和欺騙的能量。基於同樣的道理，你在自己的事業往來也必須是正直行事，這一點很重要。

有句諺語不就這麼說的嗎？「上行下效」。這表示領導者所共振的態度與行動被他的人民學習並四處傳佈。我們在今天的世界仍可見這個真理的運作。對國家而言如此，對社區、公司和家庭來說，亦復如是。

擴展的影響力法則顯示你的能量在世界擴張，對你個人和整個世界都產生影響。你確實可以對所有事物造成衝擊——從公司的生產力到家庭的和諧，乃至世界和平。

這個法則的特性使你個人振動的力量變為全球性的力量。

當你選擇以虔敬的心生活並如此對待身邊的人時，這個正面能量會向外擴散到你影響力所及的生活圈……而最終，你追求和諧的意圖會在每個人類的意識擴展。

如果你想要家庭生活更祥和，**你**必須先在自己心裡創造這個意圖。如果你希望員工更勤勉，**你**必須開始將勤勉的能量投入自己的生活。每個人都需要了解他們自己力量的影響和範圍。誠實、熱情、激勵和支持，這些都是追求成功過程中的必要條件，不論我們談的是經營良好的事業或一段快樂又充滿愛的關係，這些都是要創造最渴望結果所需具備的個人波長。

擴展的行動

如先前所提，貝爾的非定域性理論顯示，某地所發生的事對相隔遙遠的他方會造成明顯影響。對於你的個人能量和行為而言，這也是事實。

在我們這個令人驚異的宇宙，任何事都有可能在任何地方和任何時間發生。由於我們所共享的量子連結，我們的行動與意圖可以從意想不到的人物和地點帶來立即結果。從最微小的粒子到最巨大的質量，宇宙都是充滿可能性的振動空間；一個涵蓋一切可能性的豐饒場域。由於這些廣大的機會和我們非定域性的力量，我們應持續朝目標方向行動。結果也許不是以我們期望的特定方式呈現，然而透過正確的能量，我們仍能獲得希望的結果。

我的朋友梅根在領養小孩的過程中就有這般體驗。她透過國內一家領養仲介公司找到許多準媽媽。每位準媽媽都有好幾對夫妻等著領養她的寶寶。透過領養仲介協助了將近一年卻沒有任何結果，梅根原已打算放棄。她的律師建議她寫信給產科和婦科醫生，因為他們常會有意外懷孕的個案想尋找領養家庭。梅根於是寄了上百封信，也參加了許多聚會，但幸運仍然沒有降臨。

她在這段期間經常打電話向我傾訴挫折，我都建議她繼續在每個方向採取行動。（不論你是什麼時候栽下意圖的種子，你永遠不會知道它們會在什麼時候，又會在哪裡開花。）我的朋友盡她所能的持續在各方向努力，好幾個月後，她接到她早就放棄的那家仲介來電告知，他們有位即將在一月臨盆的母親選中梅根和她的先生山姆作為三個候選領養家庭之一。

現在，梅根和山姆必須經過和孩子親生父母的數次面談後，才能知道是否雀屏中選。她本想不再寄詢問信和進行其他接觸，但我建議她繼續。我告訴她，持續在多個不同方向和可能性努力將幫助她達成目標。

擴展的行動——也就是在每個方向/可能性尋找機會——有助減輕急迫感，轉移矛盾意圖所帶來的負面影響。梅根親身體驗到這點，因為她越是繼續在其他選項努力，她就對能否被選上不那麼患得患失。她已經有過幾次失敗的領養經驗，為了吸引她想要的結果，她需要放下對這次結果的執著。

梅根所做的一切都在幫助她提醒自己，她要的是一個寶寶——但不必然是這一個。透過持續看到各個不同管道所存在的選擇，梅根終於可以放下極有可能破壞她實現夢想的迫切和執著。

除了減輕急迫感外，持續行動也能大幅擴展意圖。你採取越多行動，你就發送出越多和這個意圖有關的能量。

你的每一次行動，都像是下訂單給宇宙，你永遠不知道它會在何時或是如何回應。你可能在某處埋下種子，卻在另一個地方看到成果。

這正是梅根的情形。她原已對這家仲介不抱希望，但她在其他方面的持續行動又把這家領養仲介吸引回來。接著，在她與孩子父母的面談過程中，她仍舊與其他管道接觸的作法不僅使她平靜，也是向宇宙重申她想實現夢想的意圖。

終於，一切的努力有了回報。別的候選夫妻一一被刷下，梅根和山姆被選為這個即將出世的小男嬰的領養父母。梅根的夢想成為事實——這一切都因她拒絕停止採取行動。

我們非定域性本質的能量效力非常強大。每個思想和行為，都在我們的命運花園種下一顆新的種子。我們或許無法立即覺察其效用或影響，但重要的是知道**意圖**和**影響力**的過程乃無遠弗屆，它總會以某個形式帶來結果，所以我們最好能抱持最美好的意圖，並且在每方面都採取正向行動。如此一來，我們便是對宇宙裡所有——甚至你意想不到的——選項開放。

成功日誌

- 探討如何能更多方向的擴展你的個人意圖。想一想你的每個特定目標或渴望，探究一些不同——或甚至非正統——的方式讓夢想成真。
- 如果有必要，做些研究或和朋友一起腦力激盪。記錄你們所激發的點子，也隨時加上新的想法。一旦心裡有什麼靈感或新方向，不要害怕去實踐。
- 有時候，最棒的結果來自於最不尋常的概念。

能量會擴展到世界各地

我們的影響力漣漪並不只是對個人目標的追求產生效應。事實上，個人目標只是意識創造的一小部份。不論我們是否察覺，我們的影響力都向外擴展，甚至觸及這個世界的遙遠角落。宇宙的第七個法則顯示你的能量向外移動，與其他類似的能量結合。這些大塊大塊結合的振動形成意識場，對人類物種的整體經驗產生無以估計的影響。

這些遍及世界的意識場被稱為形態生成場（morphogenetic fields），或簡稱M場。就如電磁和重力場，M場具有左右我們生活本質的力量。情緒和資訊是這些場域的內建能量，影響著我們物種的重要變遷。這些共享意識的偉大貯存所是被每個個體——包括你——的能量所餵養供給，然後這些匯聚的力量洶湧而出，觸及並影響他人。

情緒意識有兩個主要場域，一個是愛，另一個是恐懼（或恨）。作為個體，我們所有的思想、信念、選擇和行為，都對其中一個意識場的擴展有所貢獻。每一次我們做出愛的選擇，不論是為了自己或別人，我們就滋養了愛的意識場。但每次我們帶著恨或批判——不論是對內（自己）或外（別人）——我們就餵養了恐懼的意識場。

隨著這些場域裡的能量逐漸累積，特定能量的共鳴在宇宙中增長，然後愛（或恨）的意識往外延伸並影響其他人所做的選擇和體驗。被滋養最多的能量會在這個世界擁有最大的力量。

因此，這是我們每個人的責任：藉由在我們的心裡和生活裡選擇愛，我們提升了世上的關懷能量。如果我們不這麼做，壯大的將是恨與恐懼。

能量場並沒有什麼特定意圖，它們事實上是中立的。就如地心引力對我們不管是升或降的活動不會投入任何情緒一樣，愛與恨的意識場對我們如何處理它們對世界的影響也是中立的。

每個人的意圖都會決定人類的道路；每個個體的情緒與行為都在供給你在週遭所見的能量與力量。因此，如果你希望愛——而不是恨——在你的各種關係、事業和這個世界擴展，你就必須對自己和別人投入更多關懷的能量。就如你將在下一章瞭解的，愛的力量隨時任你使用。

把愛帶到你的意識、能量和意圖裡，那麼你不只是把祝福帶進自己的生命，透過你的影響力的擴展，你也把祝福帶入整個世界。

自我肯定語：擴展的影響力

- 我知道自己的能量在世上擴展。我對目標採取越多的行動，宇宙就越會實現我的目標。
- 我以舒適的速度行走與行動。我以悠閒的節奏做每件事。我很放鬆，我把平靜、穩定和寧靜的能量帶給別人。
- 我知道我的能量會在自己的生活和這個宇宙擴展。我現在就選擇沒有衝突的能量。透過我每一個平和的想法，和平的力量因此擴展。
- 我希望為他人帶來喜悅。為他人服務是我給自己的禮物。
- 我在身邊每個人的身上看到價值。我們共同分享這個世界的能量。

第二部

六個成功的個人力量

宇宙法則將成功的責任明確地放在你的肩上。為了實現夢想，你必須深入探究怎麼讓這些強大力量為你運作。這些法則可能要求你改變做事和思考事情的方式，不僅是因為觀念論，也是因為振動的根本原理。

人們常渴望改變，但卻很少實際著手讓改變發生。他們把它看成是某個未來的事，心想：「當我的前途或財務狀況有了改變——一切就沒問題了。」但這是對積極期待的事情的被動作為，而這樣的作法並不能產生有益的結果。你需要的是讓事情發生，而不是被動等待。

轉化不是未來的事件；它是引發未來的現在式活動。改變並不是目標，它是引導你實現渴望的持續歷程。你的生命品質決定在你，如果你對現在的情況並不開心，為了確保明天會更好，你需要現在就做出新的選擇。當你這麼做時，你就確實具有吸引成功的能力。

事實上，所有你需要的資源，你都已經擁有，它們就在你心裡。你天生就具有六個充滿動能，隨時為你所用的個人力量，它們是你本質的一部份。你可以有意識的運用它們來改變你吸引到生命裡的一切，因為最終，成功來自掌控自己的人生。當你開始運用你與生俱來卻常被忽略的天賦時，你的生活將朝全新的方向發展。

所有的這些力量都需要你的覺察，有些或會要求你做出重大改變，請不要抗拒。記住這句老話：如果你不做任何改變，沒有任何事會改變。

第八章

放下的力量

成功的第一個個人力量

「沒有改變，就不可能有進展。那些無法改變自己想法的人也無法改變任何事。」

——喬治・伯納・蕭（George Bernard Shaw）* 文學家

放下是第一個個人力量，因為它是通往改變的第一個必要步驟。開創美好的命運，就像打造一座花園，如果你的花園已經雜草叢生，就算種下能綻放美麗花朵的種子也是徒然。你必須先移除不需要或有害的植物，要不，它們會在新花種還來不及盛開前防礙其成長。

成功的種子也是一樣：為了產生能收割你想要的結果的創造力意識和吸引力能量，你必須挖掘出舊有的不健康模式，然後把它們放下。這是改變你的能量和轉換意識的關鍵條件。而且，如果你想成功，這表示你過去的一些舊模式對你已不再管用。

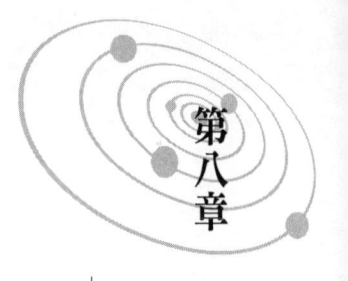

「放下」有許多層次，身體是第一個也是最明顯的。你在這一章除了學習如何放下執著，也會學習如何進行心理、情緒和行為上的釋放。

身體上的釋放

進行規律運動對於清除舊能量，創造一個嶄新、輕盈，以及更具吸引力的振動非常重要。規律運動有許多好處。首先，它釋放了可能被困在細胞和身體裡的情緒創傷或不愉快記憶。運動和深呼吸可以幫助移轉那些固著的能量，將它們從你的個人振動中移除。

此外，規律運動幫助你釋放生活中長期累積的壓力。壓力是非常不健康和不吸引人的能量，而且隨著時間的累積，它會引來更多緊繃的狀況和煩躁不安的人們。你所能投射的最吸引人的振動，就是一個放鬆、平靜和自信的心靈。

深沉的呼吸，定期進行肌肉運動，這些都可以幫助身體放鬆。伸展和按摩也會有益，但你還需要放鬆心智與情緒。心理釋放的過程是從放下舊有的負面思想開始，由於你的整個存在（身心靈）是相互連結的，因此心理上的釋放對你的身體和情緒上的振動也會產生顯著影響。

心理上的釋放

我們的心智持續產生能量，並傳送帶有我們最深層的信念和最常有的想法的信號。我們所做、所想的每一件事，都會立即產生能量上的後果，雖然它可能要花上一段時間才會在物質世界顯化。**你持續的想法——不管好壞——創造出你生命裡最重大的結果**，不論你想不想。

就如前一章所說，你的思想有雙倍的力量，因為它們是你心理和情緒的能量源頭。負面的自我對話會產生沮喪和恐懼這類難以處理及擺脫的情緒，它們對你個人的能量場很具破壞力。如果你想創造成功的振動，這類負面思考就必須被釋放。

許多人日復一日，甚至終其一生以被動的反應模式度日，他們對自己的想法，以及這些想法所造成的影響毫無所覺。但若要改變你的能量和意識，你就必須能覺察負面思想的癥兆。

你的情緒就是最好的線索。不論什麼時候，只要有不舒服的感受產生，背後必定隱藏某個負面思想。因此，每當發現自己感到恐懼、沮喪、愧疚、困窘，或甚至緊張時，問問自己，**「我在想什麼？」**深入往內心探索，找出令你煩心的負面念頭。透過放下舊有的思考模式，你就有力量改變你的能量。但要這麼做，你需要一些資訊。

批判和憂慮是兩個最常見的負面思考模式。知道這點很重要，因為如果你無法辨識負面能量從何而來，你就不可能改變它。你必須找出並釋放這些折磨你最深的毒害信念。

記得，你最主要的思想導引你生命的發展方向，這在能量是無法抗拒和抹滅的事實。如果你的主要想法是負面的，那麼你必須選擇將它們放下，否則你的生活將永遠無法朝向正面的方向前進。

批判

批判是最普遍的兩個負面思考模式之一。它有三個主要形式：批判自己、批判別人和批判經驗——這些通通會毒害你所投射的能量。

持續的自我批判就等於放送低自尊的信號，這是一個必然會從外在世界引來「拒絕」的振頻。正確行動法則也清楚指出，你對他人的批判會送出帶有敵意的能量，將阻礙投擲到你追求成功的路上。此外，憎恨的影響力會在世界擴展，不只帶給你，也為別人帶來不幸。

而且，當你批判自己的人生經驗時，你會發現自己越來越不享受生活，直到好似再也沒有什麼事好到或特別到能讓你開心。這會形成不滿足的深淵，淹溺任何你能投射出的愉悅能量，排拒任何你能吸引到的喜悅。

從下列的各個批判類型裡，找出並探究你最常有的負面陳述，然後試著釋放這種有害模式。在最能代表你想法的框框裡打勾——要誠實作答！

1. 批判自己

- □ 我太缺乏經驗（學歷不足、無知、貧窮…等等），以致無法成功。
- □ 我是個失敗者；我永遠會是個失敗者。
- □ 我從沒做對過任何事。我到底哪裡有問題？
- □ 我就是運氣不好！我真是個輸家。

- □ 我越來越老了（醜、肥胖、遲緩⋯等等）。
- □ 我覺得自己好蠢（沒有競爭力、無能⋯等等）。

2. 批判他人

- □ 真是個笨蛋！
- □ 他真蠢（懶、脆弱⋯等等）；他不配得到那個升遷。
- □ 他從沒做對過事。
- □ 我不敢相信她竟然穿那件老古董。真丟臉！
- □ 她變得好老（醜、肥胖、遲緩⋯等等）。
- □ 那些蠢蛋自由派（保守派、民主黨、共和黨、黑人、白人、西班牙裔等等），他們不知道自己在說什麼！

3. 批判經驗

- □ 這部電影糟透了，真是浪費時間。
- □ 我無法忍受這個地方（這種天氣、這個人等等）。
- □ 我的工作沒有前途。

□ 這個聚會真是無聊。
□ 這個情況遭透了。不可能冒出什麼好東西來。
□ 我討厭做家事（整理院子、文書工作等等）。

憂慮

第二個主要的負面思考模式就是憂慮。對未來、對人們怎麼想、甚至對過去，你都能發愁。擔憂未來是很常見的事，但你必須問問自己：這到底有什麼好處？它只會產生焦慮的能量，將你的不安向外擴散到世界，進而創造出讓你感到沉重的負面未來。

想討好別人是另一個沒有意義的心智活動。努力想取得他人的認可只表示你不相信自己，而這種振動是通往成功的莫大阻礙。

沉溺在過去則是跟恐懼未來一樣，只會帶來反效果，因為它徹底破壞你當下的能量。現在是放下憂慮並取回你的力量的時候了。把心智的種種分析放下，開始學習信任。

從下列陳述中找出最符合你思考模式的句子，然後在上面打勾。這些都是你攪亂自己能量的方式，如果你真想成功，你就必須停止憂慮才行。

1. 憂慮「萬一」

- □ 萬一我得不到這個工作？
- □ 萬一我失敗？
- □ 萬一他不喜歡我？
- □ 萬一我說錯話（做錯事、穿錯衣服…等等）？
- □ 萬一我受傷或生病？
- □ 萬一我得不到好的評鑑，萬一我被革職？

2. 憂慮人們怎麼想

- □ 他絕對不可能喜歡我。我知道他不會約我出去。
- □ 她一定認為我是個蠢蛋。
- □ 他們不認為我可以勝任這個工作。
- □ 我的老闆一定認為我全搞砸了。我知道他討厭我。
- □ 如果我去拿第二份食物，他們一定會認為我是隻豬。
- □ 如果我不照他們希望的去做，他們就不會喜歡我。

3. 耽溺和過度分析

- □ 我不敢相信我居然會那麼說！
- □ 如果我當時不是那麼做的話，一切都會好好的。
- □ 我不知道該怎麼彌補。我必須解決這事！
- □ 為什麼這種事老發生在我身上？為什麼事情就不能有別的發展？
- □ 我還記得我是如何被惡劣對待！我不知道我是不是有可能忘掉！
- □ 我怎麼會做這個決定？真錯得離譜！

哪一類思考是你勾選最多的？你傾向於批判自己還是他人？或許你就是愛操心，總考慮未來；好奇別人怎麼想，或過度分析每件事？也或者每個分類都有符合你的敘述。

不論你勾選最多的是哪種模式，你都必須努力把它們放下。

成功日誌

在日誌寫下你剛剛勾選的句子，然後用比較正面和樂觀的結論取代。例如，你可以用「如果我得到那份工作？」代替「萬一我沒得到那個工作？」或是用「如果我得不到這個職務，會有下一個機會。我會很好的。」來取代。你不必一開始就要自己深信新的陳述，但你必須寫下新的選項，才能啓動這個重要改變。

當你繼續處理這些認知上的模式時，注意是否出現其他負面思緒，記得也把它們寫在日誌裡，並針對這些負面陳述寫下取代的正面陳述語句。持續這個過程，直到你在你的想法、你的情緒，以及你所吸引來的人事裡看到一些真正的改變發生。

在這個轉變過程中，小心不要因為你的憂慮或批判而對自己太過嚴厲。畢竟，這麼做只是又增加更多你要努力放下的負面能量而已！與其為了這些負面思想譴責自己，你只要原諒自己，重新肯定自己往前邁進的意圖。別讓自己太吹毛求疵；只要溫柔與平和的下定決心即可。隨著時間過去，你堅定的全新心態將成為你的生活方式。

在創造成功的意圖裡，沒有憂慮或評斷的空間。你必須放下那些負面反應，做出能夠投射出較為正面和活力充沛的能量的選擇。不管這麼做有多難，你都要確定自己繼續釋放舊有的負面思想，並以嶄新的樂觀態度思考。

釋放負面思想是宇宙法則的要求，也是改變命運的最有價值的工具之一。要記得，你的思想、情緒和信念是你的能量的最重要源頭。每一個想法都以共振資訊波的方式由你對外散播。

假使你相信自己無法成功，你的意識就會創造出失敗的經驗。總之，你就是不能再承擔重複這些負面思想的後果了。把它們放下，選擇對自己和別人說出新措詞。這會創造出遠為正面的情緒，而這樣的情緒就是將你推往無限成功之路的最強大能量加速器。

情緒的釋放

情緒/感受代表強烈的振動，它們帶有非常清晰的訊息。無論你是否意識到，如果你不曾淨化或處理你的感受，你仍然可能正在送出悲傷、憤怒、拒絕的舊信號，還有留連在你的能量場的其他負面情緒。

很多人有困難表達或甚至辨認自己的感受。他們通常在經歷創傷和失望後，不去傾聽內在的情緒，因而累積了許多負面能量，而這些負面情緒四處傳送惱人的振動。你帶著這些能量，就像史奴比卡通裡那個渾身髒兮兮的小男孩「乒乓」一樣，這些黑暗振波在你的人生如影隨行。大家感覺到這些能量，自然會排斥。

要消散這些黑暗雲霧，你必須把過去不曾被表達的感受放下。這跟你得把家裡的垃圾清出來，才有空間置放美麗的新物件的道理類似。事實上，即使那些辛酸已是陳年往事，你都有必要好好淨化清除舊有情緒。如果你不曾有機會釋放它們，這些因久遠經驗而引發的情緒仍可能在你的能量場製造某些強力信號，阻滯你的進展並送出痛苦的信息。

淨化並不表示你得回頭去重新體驗每一段創傷或艱辛往事。你自己知道哪些糾葛依然困擾著你，所以，拿出日誌，現在就寫下來。表達所有仍需釋放的情緒；不要再執迷，好好把這些情緒宣洩出來。

你要特別去覺察這些令你不悅的經驗帶給你的想法。在每章的日誌最後，問問自己：我從過去這個經驗所得到的結論，有哪些是我現在想改變的？把想到的任何負面想法或信念寫下，然後用新想法取代。

比方說，假使你被解僱，你經歷了憤怒、恐懼和被拒絕等等情緒，你可能為自己下了這樣的結論：我永遠不可能被接納。我永遠不可能成功。這時候你可以透過宣洩感受來反轉這些負面結論，然後寫下一個健康的信念語句，譬如，**我依然有成功的能力。我值得相信自己，而且我現在就選擇相信。**持續用這個方法來釋放舊有的負面想法和糾結情緒，永遠要肯定自己現在的能力，並期待一個光明快樂的未來。

除了用上述方式有系統的釋放舊有的負面感受外，每在負面情緒出現，能夠當下就放下也一樣重要。你同樣可以用日誌來達到釋放情緒的目的。雖然這不必每天進行，但如果你規律執行，你會發現改變想法和振動變得越來越容易。

緊抓著憎惡、憤怒或恐懼這些負面情緒不放，只會阻礙你的能量並嚴重影響你所獲的結果。把它們放開，你的能量將變得清澈、開放，並已準備接受美好事物的發生。

行為的釋放

放下有害和不健康的行為，尤其是耽溺和上癮，這對創造一個具吸引力能量和積極的意識相當重要。人們往往沉溺在各類事物，包括酒精、藥物、香菸、食物、電視、運動、八卦、性、工作、愛情，還有戲劇化的事件。我們從這些事物尋求紓解和逃避。我們透過喝酒、過量飲食或嗑藥來麻醉自己的情緒，為的是讓自己感覺好過，就算只維持那麼一會兒。

當我們打開電視，我們脫離了對現實事物的注意；當我們吃著馬鈴薯片或餅乾，我們相信我們正以某種方式安慰著自己。即使是操弄、欺騙或卑劣無聊的行徑都會變得難以抗拒，因為它們能讓我們在當時覺得好過——但這些都是虛假的安慰。最終，這些具傷害性的行為只會讓我們感覺更糟，而且它們可能隨時間演變成更有害的上癮習性。

當你進行上述任何一項行為時，你究竟在逃避什麼？你想麻痺什麼痛苦？在痛苦的最深處其實是空虛，它是因為你忘記真正的你——你那更高、更偉大的身份，你和神性的連結，以及你與生俱來的價值。不論你是否察覺，這個看似失落的連結，正是你不安的真正原因。

然而，你的神性光芒始終存在，而你對外尋求的力量其實就在你內。不論其他人曾經怎麼對你說，你的價值時時散發耀眼的振動，它永遠是你的固有本質，存在於你的每個細胞。不論是哪種困難或痛苦遭遇迫使你逃進不健康的模式，現在都是面對處理，表達你的感受，釐清負面思想，然後邁向更健康、嶄新和真實的想法的時候了。

現在是你以自己神聖身份的光芒，你神聖本體的光來填補你所感受到的空虛的時候了。這是你所需要的唯一慰藉——也是你尋求的一切答案。逃避、沉溺和上癮行為只會造成更大的空洞，它們一步步帶你遠離撫慰與力量的真正源頭。此外，它們用匱乏、恐懼和沉溺來破壞你的能量，將你推入更深的絕望並引來更多不愉快的討厭後果。

要戒除這些負面習性並不容易，但你可以試著練習去干擾這些行為，一次十分鐘就好。你可以計畫一些替代活動，然後寫在日誌裡。你可以尋求你信任的人的協助；甚至如果需要的話，尋求專業幫忙，因為戒除這些習性實在太重要了。

當你沉溺在上癮或有害行為時，提醒自己這個能量上的事實：你**所有的**選擇都在創造你的能量。你真的希望你散發的是逃避的振動嗎？如果答案是否定的，那就持續做出放下這些習性的決定。

再次提醒，不要因為陷入往日不健康的模式而批判自己，因為這麼一來，你只是為負面思想火上加油——你事實上增加了你逃避的需要。所以，在釋放負面想法時，也把你對自己未能放下的批判一併釋放吧。

學習釋放是一生的功課。

每一天，你都要重新確認自己放下過往和拋開憂慮的決心。這會幫助你做出有益的嶄新選擇，清除通往成功的障礙，使生命發光。

當你放棄這些曾經束縛和牽絆你的思想、情緒與行為時，你就能開啟生命能量，用輝煌燦爛的振動讓全世界驚艷。

放下執著

最後一個要釋放的，就是執著。當我們環顧周遭，我們可以看見許多我們覺得依戀的物件——牆上的畫作、脖子或手上的珠寶首飾、房間裡的家具，還有車道上的汽車，這些都是我們所自豪的擁有品。但擁有的代價就是依戀，而且很容易就變得過於投入在「擁有東西」上頭。這會很微妙地傳送出需求和囤積形態的能量，而當我們擁有越多時，我們需要的卻好像也越多。

我並不是說我們絕不該想擁有任何物質的東西，我們只是要小心對它們產生執著。我說的是像「我需要它才能快樂。」「我需要這輛車和這款首飾，而且我需要這些東西在身邊才能感到滿足」的想法。就以下兩個重要方面來說，這些是很危險的思考。

首先，這些想法鼓勵我們相信物質品具有讓我們快樂的力量。不幸的是，每當我們認為某個外在物品能帶給我們喜悅時，我們就等於放棄了為自己帶來快樂的力量。我們因此為了獲取更多而不斷努力——這個心態使我們很容易就陷入迫切和絕望的能量。就在我們需要獲得更多才能滿足的時候，我們發現，為了追上自己的欲望，我們一直在永無止盡的努力裡掙扎打轉。

相信外在物質是通往喜悅的關鍵，等於把自己放在任憑外在事物擺佈的不確定處境裡。畢竟，當我們終將失去擁有的東西時又該如何？這個永遠存在的可能性使得我們不斷的憂慮。我們因此活在總是驅使我們尋求安心保證的恐懼暗潮裡，而我們也不停地擔憂失去的可能。

釋放執著的練習

學習放下執著，可以從環視你身邊的東西開始。檢視你擁有的各類物質品，然後做個深呼吸，肯定地告訴自己：我喜歡這個東西，可是我不需要它就能快樂。看著你的珠寶、你的家具、你的車，甚至你的家；逐一對著每樣物品，告訴自己同樣的話。

一開始這可能會讓人感到害怕，但在很多方面來說，這事實上是一種心靈的解放。隨著時間，它會在內心創造一種遠超過擁有這些物質的平靜感。你會認知到你的幸福原是來自你內在的平靜，而非你擁有的物件。

每天都把這個過程應用在你擁有的東西和所做的選擇上。你會對這個練習帶來的自由感到訝異，這麼做也會淨化你的能量。

此外，**放下**的魔法還會帶回美好的事物。你可以透過送出某個你珍惜的東西來練習**臣服**的藝術。以善意、慷慨和全然釋放的心態，將某樣物品送給別人。進行這些練習對於運作純淨的渴望法則和矛盾意圖法則會有很大幫助。記得嗎，之前說過的看似矛盾之處就在於，**當你釋放了你的執著，你反而獲得一切**。

自我肯定語：放下

- 我對放下感到越來越自在。我放下過去，也放下所有的恐懼。我是自由的。
- 我釋放浮現的任何負面想法。我現在就選擇較好的能量。
- 我放下不健康和不榮譽的習性。我現在就創造一個健康的新生活形態。
- 我放下執著。我知道，是我的態度決定我的幸福——不是別的。
- 我擁抱平靜。我放下憂慮、倉促，以及對掌控的需求。

第九章

意識的力量

成功的第二個個人力量

「意識是宇宙的創造性元素。沒有它，萬物無從顯現。」

——弗萊德・亞倫・吳爾夫博士（Fred Alan Wolf, Ph.D.）*物理學家

不久前，**物理**和**意識**還被視為兩個互不相容的字彙。一個是嚴謹的科學，另一個只是歸類於心理學或哲學的抽象概念。如今，世界各地的科學家都在研究意識的物理學，而且意識**確實**創造實相的觀念也廣被接受。

物理是**可能性**的科學，而意識的力量則是這些可能性的源頭。但顯化的過程是什麼？萬事萬物是如何從無到有地發生？更重要的是，我們個人的命運又是如何被我們自己的意識所塑造？

透過量子物理學，我們知道實相和觀察者並不是分離的，人生也是如此。我們在現實世界的體驗脫離不了我們對它的認知。事實上，針對生物力學（biomechanics）所做的研究也揭露，大腦甚至無法區分現實與記憶。我們在**看到**某個東西所激發的神經元，跟我們只是**記起**那樣東西而

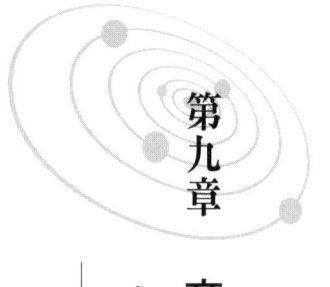

被激發的神經元是同樣的。

> 意識創造的關鍵在於你的認知——你對自己和你的實相，也就是現實世界的認知，還有這些認知帶給你的感受。
>
> 事實上，這些感受製造了身體和心智上的許多化學與情緒反應。它是因和果的持續過程：認知激發反應；反應強化認知。由於你的意識是如此有力，它不只決定你人生的情緒品質，它也引發顯著的身體/生理反應。

意識創造的過程始於某個情緒或想法引發了大腦內的下視丘腺體釋放出特定的胜肽(Peptide)。這些物質與細胞的接受器（或稱受體）結合，產生吻合並持續原有情緒狀態的化學反應。無論想法的屬性是正或負向，類似的想法會製造出類似的胜肽和類似的情緒。

隨著時間，這個模式的一再重複會關閉其他可以產生不同情緒狀態的接受器。於是你的認知變得僵化，反覆啟動一連串延續舊有感受的生物力學反應，加深並且固化了同樣的感受。這就是情緒習性（情緒上的習性反應）——甚至上癮行為——形成的原因。聽來可能有些複雜，但它其實是簡單且自然發生的過程。由於它廣泛地牽涉到認知、情緒和生物力學的機制，它因此對我們的意識與能量產物有著巨大的影響。

讓我們看看這個過程運作的例子。

假設你多次經過住家附近的一棟大樓，你並沒有情緒或認知上的反應；你只是注意到有棟樓在那兒。有天，正好在你要找工作的時期，你經過這裡，看到張貼在外的告示寫著工作機會和聯絡電話。回到家，你撥了電話約了面試，你體驗到興奮的情緒，而你的下視丘釋放出相應並持續這個感受的胜肽。以後每當你經過這棟樓，或甚至只要一想到，你就會有同樣的生化反應，然後覺得開心。你後來被這家公司錄用了，在最初的幾個月，你對這棟大樓仍有著同樣的愉悅感受。

然而，隨著時間過去，你逐漸也必然地對這份工作有不同的體驗。可能是某個特定的人或事引發不愉快，你現在有了負面認知，而這個認知製造出符合此情緒的胜肽。即使你只是準備去上班，或只是單純想到工作的事，這個不愉快認知就激發了符合並延續這個情緒的神經胜肽。

這樣過了幾年，直到你得知別處有新的工作機會，你去應徵也被錄取，你又開始製造符合這種興奮感的胜肽。新工作繼續激發你的愉悅感受，但它只持續了幾年，直到公司遷到墨西哥。

現在，你沒了工作，而對金錢的需求再次改變你的認知。你開始覺得那個老地方不是那麼糟。每次你經過那棟大樓——事實上，只要你一想到它——你就希望自己能回到那裡上班。那個地方可能有它的問題，但肯定好過沒有工作。在每一個記憶和渴望裡，你的想法、情緒、生理和化學反應創造出失落與後悔的意識，而後它就成了你顯化實相的濾鏡——你開始透過這樣的眼光，顯現自己的現實情境。

這就是情境和創造的迴圈。你的經驗創造了情緒，然後這些情緒又延續這個經驗。

雖然這個過程看來只是思想與感受的自然結果，重點是了解你之所以沉溺在某些心理與情緒狀態的背後主因，就是出於這些化學作用。為了脫離這種自我破壞的生化作用，你必須要用意識，也就是覺知的意圖，去打破並改變你的想法與認知。

在你的能量投射裡，符合並延續你的情緒反應的化學作用是很重要的元素，而你的意識就是內在生物作用的源由，也是你外在生活呈現結果的關鍵。

你可以採取以下兩個特定步驟來改變負面認知的模式，以及因此產生的神經胜肽反應：

- 當感覺內心出現負面情緒時，暫停下來，作個深呼吸。對自己肯定的說：我的身體正在釋放平靜和穩定的神經胜肽。寧靜與放鬆的溫和浪波正通過我的全身。
- 每當看到或經驗到引發負面反應的事情，肯定的說：我能夠放下它們。我釋放它們，我是放鬆的。我選擇平靜。

當你選擇一個比較正面的認知，你就製造了與希望、興奮和幸福相符的神經胜肽。這會改變你的心智、情緒和身體，一路到你的化學反應。於是，你覺知的能量也跟著改變。也因此，你的意識是你創造命運的最強大力量。

意識PIE

有三個主要元素啟動你的意識的力量，我將它們稱為意識PIE：認知（Perception）、想像力（Imagination）和預期（Expectation）。在生活裡對這些心智和情緒元素有正面體驗對追求成功來說絕對必要。

事實上，無論你的體驗正面與否，它們都是意識創造的三個關鍵要素。它們的能量在動態的過程中彼此連結，並能實際帶給你控制人生結果的驚人效果。讓我們看看這三個元素如何運作。

認知的力量

你已經知道你的認知激發神經胜肽的製造，進而延續情緒的體驗。當你把某事視為負面時，這個認知會製造出強化那不討喜情緒狀態的生化反應，反過來說也是一樣。瞭解這個運作就足以讓我們有動力繼續有意識的努力創造正面觀點。不過，讓我們也來看看認知會如何影響能量。

你過去的經歷決定了你對事情的看法，也可以說，你是透過過去的經驗來看待發生的事，而你的看法和觀點有足夠的力量創造你的未來。

你的認知相當真實的定義了你和你的生理實相。你如何感知自己、你的世界和你的未來，是你所有認知情緒底下的基礎。研究顯示，自我認知和自我對話會影響血清素和腦內啡的多寡，而這些是讓憂鬱或開心等情緒持續的物質。

認知的力量非常強大，其影響還不僅於此。文獻上就有多重人格障礙的案例記載，當不一樣的人格「掌控」時，個案會顯示出不同的生理症狀。譬如當身體由某個特定人格主導就會出現糖尿病和視力問題。即使同樣的身體在其他時候並沒有這些狀況，但當其認知是透過這個人格掌控時，這些身體上的問題就會出現。

這不是意識改變生理的唯一情形。人們也可以藉由轉移認知，毫髮無傷地走在燃燒的煤炭上；我個人在多年前就有親身經驗。我上過一堂有近百人參加的過火課（fire-walking），大家透過學習把認知焦點從踏在滾燙的煤炭上，完全轉移到某個能激起興奮和愉悅感受的回憶來改變心智狀態。

我當時想像自己在最鍾愛的科羅拉多斜坡滑雪，我看見並感覺自己站在滑雪板上，置身於清新寒冷的美麗山巒之間。這個想像改變了我的神經胜肽和生理狀態，於是我能夠在數百度高溫的滾燙煤炭上走了十五呎（約四點六公尺）。

我毫髮無傷，可是還是有人在過程中燙傷，因為他們太固守於自己的預期框架裡。他們認為滾燙的煤炭很危險，因此這就成了他們的體驗。而我們這些改變了認知的人則能完全轉化我們的肉體/物質實相。

你，同樣地，也有力量改變你的環境。不論過去發生什麼，你都不必用舊有的方式來認知這個世界。你可以使用放下的力量來釋放老舊和受限的觀點。**無論你經歷過什麼，記得，你永遠可以選擇一個全新的認知。**

意識創造實相的關鍵就在於：你所觀察為真實的，構築你的覺察，也就是意識形成你覺知的架構。因此，與其堅持用過去的眼光看待事物，不妨現在就將你的人生當成一幅空白的畫布。你能夠創造一個新的圖畫，用不同的觀點看事情，並且以豁然一新的方式想像環繞在周遭的一切。

事實上，想像，就是你的意識ＰＩＥ的另一個重要元素。

心像就是一切

當你在認知上做出正面轉變後，你會發現自己的想像力越來越容易被激發。我指的不是你做白日夢或幻想未來的能力；我指的是你實際創造心智影像（mental images）——對你所希望的未來影像的描繪能力。當你要實現特定的成功情節時，這會是很有效的技巧。

說到心智影像，我們的大腦無從分辨現在的事件和過往記憶的差別。它也無法分辨生動的想像與真實事件之間的不同。事實上，有些科學家甚至不相信只有一個實相存在。

「多重世界詮釋」（Many-Worlds Interpretation, MWI）理論認為，在同一時間平行存在著許多實相。有些科學家也相信，你可以選擇你想要的那一個。這聽來可能像科幻小說，但它顯示的是生命的無窮可能性。

你需要去**想像你所能體驗的一切**！不要限制自己——要創造實相，你就必須先看到它。

> 你栩栩如生想像成功圖像的能力，會先在你的能量和意識裡建立起那個實相。你在心裡看到的影像，接著將變成你生活中所見的事實。
>
> 如果此刻在你的心像裡所流動的畫面和你希望在未來體驗到的並不一致，那你就需要發展些新影像了。
>
> **要創造成功，你必須先創造成功的影像。**

意識所創的影像發生在兩個層次。經常練習以下步驟，你就能建立起對成功強有力的新認知。

1. **成功的自我形象：**你要先描繪出你希望自己成為、看起來、感覺起來，以及行動起來的樣子。依你的渴望，創造一套完整的鮮明影像；活出你的影像，感覺它，並且相信它。每天經常這麼想像和感覺，不用多久，你就會跟你想像中的一樣。

2. **對特定目標的成功畫面想像：**針對想達成的目標，創造一個清晰明亮的圖像。讓這些影像栩栩如生，彷彿你已置身其中。想像你達到每個目標後的那種開心，然後將這些未來事件的心智照片存放到記憶裡。把它們當作是已經放到相簿的鍾愛時光，你一次次回顧的照片。

透過這個方式，你就在告訴你的大腦，這段未來的影像已經發生；那個實相是存在的。每當你需要激勵自己或對目標創造一個清晰的意識時，你都可以使用這個方法。

一旦你清楚建立了你的成功圖像，你必須**只**專注在這些影像上。你必須放下任何否定或會削弱它們的想法。

當你個別觀想這些圖像時，將它們放大。讓自己能清楚看到畫面，而不是隔一段距離或需要向左右移動，因為那樣會改變該實相的力量和能量。將影像放在腦海正中央，讓影像成為你看到的一切。**讓它栩栩如生，它就會成真**。

你越仔細檢視並感受影像所帶給你的快樂，你的大腦和意識就越能接受這些影像為事實。每當你繼續在心裡清晰、仔細地複製每一幅圖像，你會產生越來越多的正面情緒，而這些情緒都帶有高度創造的意識和吸引能量。這將有助你調整你的預期，也就是意識ＰＩＥ的最後一部份。

預期最好的

如果你想像的實相超過了你的理解，這個成功影像就不會有效。在你所渴望和你的預期之間，存在著很大的差異，因此，有意識並持續期望最好的事物就顯得非常重要。為促使你所期待的事發生，你必須找出什麼是你潛藏的預期。

我們對每一天都會有些特定的假設或預期，因此把自己的「常態」模式投射到未來是自然的。問題在於，如果我們經常對現狀不滿，我們也很難對未來有正面期待。

歸根究底，你是怎麼看待你平日的生活？你是否希望被接受，卻預期被拒絕？你是否渴望成功但預期失敗？你是否期望幸福，卻任由自己變得無趣、沉悶？如果你預期今天會是辛苦和受挫的一天，那麼未來也只會有更多的艱辛與失敗。然而，你也可以針對今天、明天和未來所能實現的事，選擇去創造一個全新的預期和信念。

在渴望與預期的爭戰之間，宇宙會給你你所預期的。為什麼會這樣？因為你的渴望就是你的願望所在；你的預期是你的信念所在，而在創造命運的方程式裡，沒有任何東西比你的信念，比你所相信的更有力量。

因此，你的信念必須要能支持正面的預期——打從心底相信自己能夠實現目標的根本信念。

你不能再繼續渴望最好，卻預期最壞的，因為宇宙無法調和這樣的意識分裂。你必須開始對你的日常生活和你想實現的夢想都做出最佳的預期，並知道自己有能力將最高和最快樂的覺知帶到你所經驗的一切。

取回你的力量，為你的理想生活和未來創造一個有意識的認知。去了解那會是什麼樣子，是如何的滋味感受，並相信你有能力使之成真。

你對每天的預期也會加速你的能量動能，因此你必須讓自己平日的觀點和你對未來的展望一致。如果你想成功，你就不能再擱置、限制或忽略你的渴望。你必須把它們放在一個更大的格局。

當不受侷限的預期成為左列成功意識創造的一部分，它們將為你帶來無限的成果：

- 正面的認知
- 栩栩如生和具創意的想像力
- 興奮樂觀的期待

即使只是任何一個心態的些許轉變，都能為你的實相帶來重要變化，因為意識是你所擁有的最偉大力量之一。成功的意識是堅定的選擇活在當下的覺醒狀態；選擇以全新的認知、觀點和預期來看待你所能擁有的實相。所以，現在就這麼選擇！

自我肯定語：強大意識

- 我選擇認知自己是堅強而成功的。我有能力也值得擁有一切。
- 我觀想自己想成為的樣子。我看到自己是自信、充滿活力和快樂的——現在是，永遠都是。
- 我期待最好的。我對每天和未來的生活永遠有最棒的預期。
- 我有覺知地生活。我有意識地選擇能創造美好實相的思想和影像。
- 我用興奮的心情和信念觀想自己的目標。我在生命裡收到許多美好祝福。

第十章

能量的力量

成功的第三個個人力量

「世界是一面鏡子，把每個人的容貌如實地顯映出來。」

——薩克萊（William Makepeace Thackeray）*小說家

宇宙因蘊含能量而生生不息；沒有能量，一切無以存在。你所看到的一切——以及絕大部分你沒看到的——都充滿波和振動。無論你到哪裡或是做什麼，你時時刻刻都在散發和接收能量，你一直是活在肉眼看不到的頻率的匯流處。

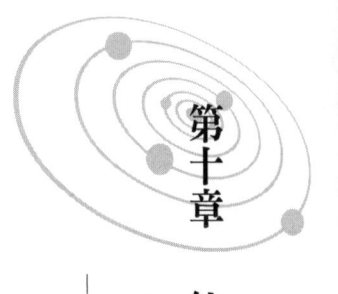

事實上，你置身於來自四面八方的電視、廣播、電話和衛星等各類訊號之中，你只需要一個設定在適當頻率的正確儀器，就能解譯這種種訊號。

你就像衛星一樣，讀取來自別人——同時也發送自己——的信息。你傳送的能量決定你得到的結果。不論你覺察與否，你都置身並參與能量場的運作，你一直以來所獲的結果都來自你個人能量場的振動。而能量的美妙之處就在於，如果你不喜歡你得到的，你總是可以自由隨意地改變你送出的內容。

能量是你的主要力量之一，好些宇宙法則都強調它的重要。能量和你的意識結合，形成最強大的命運產生器。透過有意識的選擇你想投射的能量，你也決定了你會得到的結果。這真的是很單純的過程，而且它一直在進行中。

在物理世界，頻率的一致被稱為共振導引（entrainment）現象。當類似的信號遇合，它們會以相同的共鳴振動，也因此產生「吸引」的感覺——這不是化學現象，這是相稱的能量。這個法則可應用在各面向，無論是社交、愛情、專業領域或個人生活；你送出什麼就注定吸引什麼回來。因此，為了改變你所吸引的，你需要確切了解自己究竟是如何創造你個人的能量場。

重量級的能量製造者

你的電磁振動是你的光能量的共振，也就是你的心智、心靈和靈魂的頻率。如同前面所討論的，你的心智和情緒顯示了你最主要的能量。但你的想法和情緒又從何而來？它們只是無中生有嗎？又是什麼讓你個人能量引擎的這部份運轉？

你的情緒與認知力量的基礎在於你的核心信念。事實上，你所顯化的一切都可追溯源頭到你的信念。簡單地說，你的信念體系是你所選擇接受的「成長與個人經驗架構出的基本想法」。

大多數人並不會檢視所抱持的想法是否正確。我們活在我們的信念體系裡，就如活在語言裡一樣：我們從出生起就接受了這套我們所知道的語言。我們的信念事實上成了我們體驗的架構，我們對它如此習慣，以致不曾想到要試些改變或不同的選擇。而當我們對自己的信念以及這些信念究竟是如何影響我們的生活毫無意識和覺察時，我們就等於自願放棄了改變的力量。

> 不論我們曾經被怎麼教導或對待，信念都是一種選擇，我們可以選擇我們的信念。作為會思考的成人，我們也隨時有改變它們的選擇。我們可以為自己決定代表我們的真理，有意識的釋放那些在我們和這個世界延續恐懼與負面的振動。就能量和意識創造而言，一個更健康和快樂的信念，是在各個領域獲得更偉大成就的基礎。

雖然我們振動能量的正或負面性質是透過思想和情緒被強力表達，但潛藏在這些能量下的正是我們的根本信念。很明顯的，帶有批判、宿命論或其他負面性質的信念只會創造負面情緒和思想。那些能滋養自我並為未來帶來希望的正面信念則相對產生樂觀的情緒與想法。這些當然是我們最希望發送的頻率，因為它帶來我們尋求的美好結果。

讓我們看看這些能量製造是如何連結。

我們的信念是潛藏在內心的想法，我們所有的假設和隨意浮現的念頭皆源自於此。我們直接（透過被教導的內容）或不直接地（透過被父母或其他權威人物的對待方式）發展出這些信念。不論這些教導是錯誤、不健康或甚至明顯有害，這些影響力的來源使我們對之篤信不疑。

每個信念都會產生引起情緒反應的相關想法，這些結合起來就創造出你不知不覺在生活裡放送的主要能量。

舉例來說，你可能被教導金錢代表你的價值。這是一個可以衍生出許多對應想法的核心信念，例如，「除非我賺很多錢，否則我無法證明自己。」還有「我現在真失敗」。這類有害的思想會製造像是恐懼、絕望和自我厭惡等等的破壞性情緒。這個過程又會產生什麼能量和實際上的後果？

讓我們來看看表格裡的例子。

核心信念：要在這世上成功真的很難

想法	情緒	能量
我沒有達到成功所需的條件。	羞愧、恐懼	排斥的、抗拒的
我所需要的永遠不夠。	無望、絕望	沉重、黑暗
為什麼別人都可以走運？	憤怒、忌妒	煩人的、不安的

這只是個引導信念，但當你檢視過程，你可以清楚看到你對生命的根本假設會對人生產生多麼重大的影響。透過信念，你創造出為你的世界定調的情緒能量。你設定了自己是成功還是失敗，是快樂還是哀傷——而這個能量與事件的循環並不會改變，直到你決定只擁抱那些能夠榮耀

和滋養你的信念。

下對你的賭注

有些人對創造正面的新信念感到抗拒。他們認為這麼做是欺騙自己，是為了創造一個夢幻觀點的人生而否認實際上充滿困難的現實。

另一個不去改變負面信念的牽強理由則是以動機為託詞。很多人認為他們是被自己急迫而絕望的信念所驅動，所以如果他們放棄這些負面想法，他們就不會有動機或動力去做那些會讓他們成為贏家或成功的事——然而事實正好相反。

當你改變你的**信念**系統，你也改變了由此而來的**情緒**和**想法**。這是能量製造的三重連結。一個較正面的信念系統，激發出遠為強烈的熱情和更為持續的力量。但是，當你的BET（信念/**B**eliefs、情緒/**E**motions和思想/**T**houghts）是負面時，你等於是將人生下注在失敗和困難上。想想這會帶來什麼結果？你倒不如將能量押在正面信念，這樣至少有機會使它成真。

如果你「下注」（BET）在負面，你永遠贏不了。事實上，因為你對未來的信念、情緒和想法充滿了你的意識，這個具破壞性的心智狀態會產生預期負面結果出現的心理（而且信不信，在某個奇怪的層次上，甚至是希望，也因而導致你不願看到的結果發生）。這是為什麼找出你的信念是如何阻礙你這麼重要。

成功日誌

做自己信念的主人。在日誌裡回答下列問題，給自己一些時間徹底思考並做出以光榮的信念取代老舊和負面信念的明確決定。

- 你曾被教導要相信哪些和你自己以及你的價值有關的事？
- 這些想法帶給你什麼感受？
- 你現在可以選擇哪些會榮耀你的價值並在這世界創造更健康、更具吸引力能量的不同觀點？
- 你曾被教導哪些人際關係上的假設？
- 這些想法讓你有什麼感受？
- 對於人際關係的互動，你現在可以接受哪些較健康和榮耀的想法？
- 你可以怎麼提醒自己每天去選擇這些新信念？

不要跳過這個練習。誠實地思考自己的回答，想些有創意的信念選項，因為這對你的能量創造非常重要。

下注在正面的事上才有意義——這是吸引好事上門的唯一方法。如果你要把自己的人生押在什麼上面，那就把賭注放在更光榮的信念、更快樂的情緒和更樂觀的想法。當你這麼做時，宇宙將會樂意全額給付——你甚至可能發現自己中了頭彩！

測試你的ＡＱ

你的個人能量場是由你的心理和情緒模式、你的信念和態度，甚至你如何動作和說話所構成。它是在你成功經驗背後的吸引力量，是你吸引成功的磁石。

你可能認為要出人頭地是靠你的外貌、收入多寡，或甚至你的智商。但根本上，它跟這些都無關。顯示你是否擁有達到個人和專業成就所需的能量是你的ＡＱ——你的吸引力商數（Attraction Quotient）。

以下的測驗有助你了解自己能量的傾向。你的吸引力商數代表你的正面能量和磁性吸引力的共振模式。每隔一段時間定期重作這個測驗，看看自己的振動是如何變化。

吸引力商數測驗

將左列的問題從1到10表示，1代表從不，10代表總是。將分數寫在左邊的線上——要誠實！

你是否……

＿＿ 1. 對自己做的事有信心？

＿＿ 2. 覺得你知道你的個人目標，並且正朝此方向努力？

____ 3. 現在就能接受自己的長相外貌？

____ 4. 在目前的處境感到快樂？

____ 5. 對你的未來覺得樂觀？

____ 6. 把自己的目標和幸福當成最優先考量的事？

____ 7. 願意冒險？

____ 8. 遇到困難時會試著正面思考？

____ 9. 珍惜並感激生命中所擁有的美好事物？

____ 10. 透過正確飲食和規律運動尊重自己的身體？

____ %（計算你的總分，這就是你的AQ。）

如果你的分數低於你希望的，不要因此灰心氣餒。AQ測驗最常見的分數是在五十到七十五分之間。無論分數高低，你都可以把這個測驗當成覺察自己需要怎樣的能量變化才能改變人生結果的一個機會。

將測驗裡低於七分的問題列出來，把它們改成正面意圖和自我肯定語的形式，這可以幫助你明確地聚焦在正面思考。每天練習這些自我肯定語會使你的能量產生不同的動能。

假設你在第五題只得到五分，你可以這麼自我肯定：**我對自己的未來越來越樂觀。我擁有使自己的未來更美好的一切力量。**

將這些陳述句寫在小紙卡或日誌上，隨身攜帶並常常覆誦。不要用敷衍的態度打發，因為它確實能使你對改變能量的新想法和態度開放。

你是——而且也一直是——你自己成功的創造者。選擇送出一個較明亮的振動，你必然會得到亮眼的成果。

自我肯定語：吸引的能量

- 我現在就為自己選擇一個全新的、健康的，能滋養我的信念系統。這是我的權利——也是我的未來。
- 只有我能選擇自己的真理。從現在起，我釋放那些有害或無法令我覺得光榮的信念。
- 當我的思想更正面，我放送出更好的能量，並吸引越來越好的結果。
- 我的健康和吸引力能量都取決於自己。我現在就選擇創造平靜的心態。
- 我接受自己、我的價值和我的外貌。我把接納自己當作最重要的事。

第十一章

意圖的力量

成功的第四個個人力量

「將你的思想專注在你意圖創造的事上。不斷與意圖場保持契合，然後留意你從萬有創造源頭所召喚的事物進入生命裡的蛛絲馬跡。」

——韋恩・戴爾博士（Dr. Wayne W. Dyer）*作家

你的意圖，或說目的，是渴望和意圖法則的關鍵觸媒。無論你是否察覺，你所做的每一件事都有目的。當你在平常生活和追求目標時，都能抱持明確與光榮的目的，你就接通**純淨欲望法則**的自然力量——而**意識**再次扮演關鍵角色，因此你必須要能察覺並控制你的意圖才行。

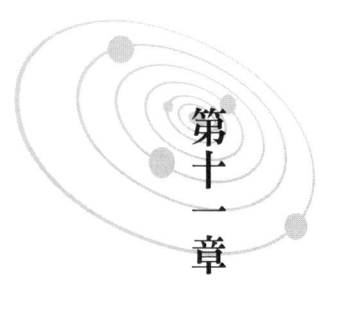

任何你選擇進行的行動、決定或行為，背後都會有些不同的目的。雖然行為可能不變，但一個不一樣的意圖可以徹底轉化能量，也因而修改你吸引回人生的結果。

舉一個工作場合常見的情況為例。這個例子可能表面看似正向，其實是決定於意圖。譬如說，你讚美你的上司。如果你是真誠表達內心感受並想分享正向肯定的事，那麼你的行為和意圖都是正面的。這樣的動機創造真誠並帶有榮耀的共振，也會為你帶回有益的結果。

但假設，你其實是想藉這個恭維，巴結討好上司，也許你希望獲得加薪或優良的考績。在這個情況，你的意圖具操弄性，而你的能量是和沉重與欺騙的頻率共振。當然，你可能還是會得到加薪或不錯的考核，但最終，你必然會吸引到一些虛偽或想掌控你的人。

如果你在任何情況下表現和善是為了被認可或證明自己的價值，那麼你實質上想操控的是「接納」和「自尊」。這樣一個不光榮的目的只會抵銷/否定你送出的能量，並且傳播非常明確的訊息，那就是你不相信自己值得被重視。你對別人的稱讚（或任何關懷的舉止）可能看來和善，但如果它是出於迫切或有所求的動機，能量性質就會被完全反轉。

這也就是意圖所具有的力量——它能徹底改變你的振動，因而改變你人生的後續結果。

你所做的每一件事都是被意圖的力量所驅動。無論是吃早餐、開車上班、開支票或工作，你從事的這些活動都具有意義。即使是最乏味或微不足道的事，背後都隱含著意圖。當然有的意圖很明顯，但也會有你可能沒有察覺到的能量。

你或許認為開車上班的目的只是為了抵達公司，然而你對體驗這個過程有何意圖？在這段車程，你想體驗怎樣的能量？它或許只是早晨的通勤，但你如何經歷這過程卻很重要。開支票的目的明顯是付錢，但背後的能量基礎或理由又是什麼？你要考慮的不只是表面因素，還有對此經驗的意圖。

當你開車上班時，你可以決定享受這個過程，或是把時間花在擔心那天必須完成的工作事項上。開支票的時候，你可以選擇珍惜你付費所得或花錢購買的東西，或你可以擔憂戶頭餘額所剩無幾。工作時，你可以感謝自己擁有的工作機會並打算全力以赴，你也可以拖拖拉拉過一天，哀怨自己必須上班。

在進行這些活動時，你認為什麼選擇會獲得最好的結果？

你的心理意圖是很強大的力量，因為它們引導你的意識創造。想想看，你每天經歷的眾多經驗裡頭，有多少隱含負面性？你可能認為這沒什麼大不了，但這種面對生命的態度會製造惡性的能量循環。

恐懼和怨恨的意圖，以及競爭操弄的行為都在製造憂慮和沮喪——這些都是只會讓你更悲慘的負面能量。

意圖快樂

現在是用正面意圖體驗生命的時候了，請以感激和信任看待你現實生活的每個部份，不要像許多人一樣，總是憂慮這憂慮那的。當恐懼和焦慮成了你的主導情緒，它們的能量便滲入你的動機。這就是為什麼當你老想著：「萬一我付不出帳單？」萬一我做不成這樁生意？」「我討厭我的工作！」「我真失敗！」的時候，經過一段時日，這些以及其他負面想法都真如你所預期的發生。

你可能聽過「自我實現的預言」。嗯，信不信由你，這句話在科學上可是千真萬確。你的情緒能量的焦點，事實上會把你對未來的某個恐懼變質為潛意識的計畫，因而使得問題成真。

譬如，你可能認為財富是你的目標，但如果你害怕貧窮，這個害怕事實上會變成你的驅動意圖！你越是怕窮，你的負面振動就越是將富足從你生命裡推開。這就是**矛盾意圖**的能量動力，因此你必須將能量從絕望轉換為決心才行。

你必須朝目標努力，並把意圖放在「信任」上；計劃**現在**就快樂的生活。

不論你是在花園裡除草或洗衣服，不要讓自己存有負面想法，試圖在每件事看到喜悅的可能和機會。在追求夢想時更是如此。你對財富或對任何美好事物的意圖必須純淨，絕不要是被恐懼所驅動。

人們常問我，要如何才能專注在夢想卻不陷入情緒泥淖。想想急迫和決心在能量上的差異。前者是基於恐懼而渴求夢想的達成，後者則是採取平和但堅定的行動持續朝夢想邁進，即使在目標尚未實現的此刻仍致力創造幸福。

這兩種經驗南轅北轍。就算只是用說的，我們都能感覺它們在振動上的不同。藉由放下對目標充滿恐懼的執著，我們能夠把意圖從痛苦轉換到堅定。每當你感到絕望或急迫，就表示你把過多的力量交給了結果。然而只要回到單純的意圖，你就能取回控制。

從以下的敘述找出最符合你的能量狀態，你就可以了解自己目前的能量方向。

迫切的意圖

- 我的目標（工作、金錢、關係等等），才是真能讓我快樂的東西。
- 我知道達到這個目標，我就成功了。
- 達成我的渴望會讓我覺得自己被接納。
- 只有出人頭地，我才會覺得安心或有安全感。
- 我必須盡快達成目標。在一切都沒有問題之前，我不能停止工作。

堅定的意圖

- 我擁有讓自己快樂的力量。
- 就算日後才達成目標，我今天仍然能覺得自己是成功的。
- 我能夠選擇現在就接納自己。
- 我擁有在當下就感到安全和安心的力量。
- 我現在就擁有創造正面情緒與經驗的力量。我可以立刻選擇信任並放下恐懼。

當你在讀這些陳述時，你可以感覺到這兩組敘述所產生的不同能量。放下不能達成目標的恐懼還有你對目標的執著，對於轉換到較為平靜和更具接受性的振動來說相當重要。一個正面的意識以及對實現目標的信任與樂觀心態會產生磁性的共振，將你渴望的事物牽引到你的生活。為了能更快吸引目標的實現，你必須先放下對它們的需要。當你在這一刻就接受自己幸福、成功和接納的意圖時，你就創造了這樣的磁性共振。

千萬不要執著於用任何特定方式來達成你的夢想或情緒；讓自己對一切能在此刻創造出令你感覺幸福和成功的選項開放。

當你對某個目標感到焦慮，用熱情和樂觀觀想你渴望的結果，然後這麼自我肯定：**我現在就吸引我的目標或更棒的東西來到我的生命**。這麼做會喚醒你的覺察，你會看到你在追求目標時所擁有的豐富選項。

向宇宙臣服，並相信你的渴望將以不受限的方式成真。沒有比信任和彈性更具吸引力的能量了——也沒有任何更棒的方法能使你的意圖成真。

成功日誌

為了真正臣服，你必須往內心探索，找出自己的真實意圖。

在進行冥想和日誌記錄時，問問自己下列問題。

- 當我想到自己的渴望，我有什麼感受？我感到憂慮恐懼，還是樂觀和希望？
- 我希望這個目標為我的情緒（不是財務）帶來什麼結果？我能怎麼做或怎麼想，在現在就創造這樣的狀態？

- 我的目標是出於任何恐懼或操弄性的想法嗎？它是增加還是減少了我的尊嚴與榮譽感？
- 我的意圖是樂觀的嗎？不單是對未來的結果，還有現在進行的事項。如果不是的話，為什麼？我還能有哪些選項？
- 我的目標是否帶有任何矛盾的意圖？倘若如此，我現在能將我的能量專注在什麼正面和純淨的動機上？

開放、清晰和不衝突

由於意圖是你的宇宙訂單表格，你必須非常明確、肯定和樂觀才行。意圖不清不楚，就像走進一家餐廳，然後只告訴服務生「我很餓」。你必須知道自己要什麼，並讓宇宙清楚了解。矛盾和衝突的想法註定失敗，即使那是你長久以來的渴望。

你也必須要有特定的知識和堅定的信念，你要告訴自己：**我作得到。我會作到。我值得！**在成功裡，沒有疑問或矛盾存在的空間——只有純淨、明確的意圖。

不論你的目標是否和你的價值或能力有關，你都不能用負面思想和抗拒的心態把你的宇宙訂單弄混亂。想想，如果你走進一家餐廳，告訴女服務生，「嗯，我想點這個牛排，但也許我該來份漢堡…可是牛排也不錯……」會是什麼結果？服務生會放棄，然後走開。

但假設她給了你第二次機會。這次你說，「我真的很想要龍蝦，但我不值得為自己花這麼多錢。就來個鮮魚三明治好了……可是，我真的好想點龍蝦啊啊啊！」最後，這位女服務生根本不會理你了！

宇宙也是一樣。如果你不停地從一個意圖轉換到另一個意圖，從渴望到懷疑，宇宙根本無所適從——因此不會給你任何東西！你可能想，我想要一段新戀情，但又想，我已經受傷這麼多次……。你也許希望獲得職務上的升遷，但你也害怕另一個候選人更符合資格。這些彼此衝突的態度毒害你的能量並混亂你的意識，因而轉移了宇宙能量的流向。

你的意圖必須是清晰、沒有矛盾，對任何結果都保持開放。你可以在心裡觀想目標，然後發送出去。宇宙等著完成你的訂單，但你必須讓它知道你想要什麼。

對你的意圖要一直保持覺察——不單是對你的長期目標，日常生活也一樣。譬如說，當我想到明天，我的第一個意圖是要在我的一切作為裡創造幸福與價值，而且我要努力和他人分享這些能量。每當我開始一個新計劃或活動，我也都會試著規劃我的情緒方向。

由於你做的每件事都能引導你的能量焦點，你必須要完全覺察你的真正動機，尤其是那些會吸引更大成就的。

創造有力意圖的訣竅

每天進行下列小撇步，你就更能控制自己的能量創造。

- 每天早上花幾分鐘冥想或寫下你對當天的意圖（目的和想法）。

在腦裡看到自己清楚知道每個事項的目標，有意識地進行規劃好的活動——讓每個活動都是正面、樂觀和開心的。這個作法會使你投射更明亮的意識到這個世界，你也會擁有快樂成功的一天。

- 專注在你的意圖上。如果你面臨困難或正進行一件具挑戰性的專案，儘可能時常更新你的意識方向。抽空在早上、午餐或下班後的時間為接下來的活動創造正面的意圖。
- 在進行平日活動時，試著用更正面的意圖行事。留意自己在用餐、開車和處理家務時的心態。從每件小事找出正面、衷心的目的，這將完全改變你的能量本質。
- 傍晚時，有意識地為自己晚上的能量創造正面意圖。陳述以下的肯定語：今晚，我將沉沉入睡，我會睡得很熟很香甜。我會很放鬆、很有精神，並帶著對生命的熱情醒來，我將充滿期待地迎接新的一天。
- 定期評估你的目標意圖。確定你沒有因為恐懼而製造了衝突的能量。保持專注、開放、堅定和樂觀，你的渴望就會朝實現的軌道邁進。

你的意圖會為未來的成就奠定基礎，因此不要讓它們和懷疑與混亂糾纏不清。絕不要否定自己的能力或輕忽自己的價值——也絕不要小看宇宙無窮可能性的偉大豐盛。保有純淨的渴望將幫助你實現目標。你值得享有一切，所以意圖這一切美好吧！

自我肯定語：純淨與有力的意圖

- 我開始仔細檢視自己做事的原因。我了解我的意圖是生命裡的強大力量。
- 我有能力讓自己幸福。這是我的責任，也是我現在的意圖。
- 我對宇宙所提供的豐富選項開放。有許多方法能讓我的夢想成真。
- 我每天都越來越能覺察自己的所有意圖。我選擇以信任和愛渡過每一天。
- 我帶著喜悅和覺察的意圖去做每件事─即使是平日的例行事項。

第十二章

選擇的力量

成功的第五個個人力量

「你有選擇的自由，但你今天所做的選擇將決定你生命中的明天將擁有、成為和做些什麼。」

——立格・立格拉（Zig Ziglar）*成功學著作作者

選擇是將一切串連起來的動態個人力量。不幸的是，我們往往被習慣牽制，因而可能完全沒有察覺到自己一直有許多選項。從日常生活中看似無足輕重的小事，以至最重要，足以改變生命的決定都是如此。

許多時候，我們因生活的處境限制自己。我們這麼想：我要付房貸，所以我不能離職。我們假設自己無法轉換職業跑道，就因為過去決定從事現在的工作。我們經常一而再，再而三不自主地做同樣的事，因為我們以前就一直是這麼做的。

我們也傾向依循被教導的模式而限制自己的選擇。我們不認為有為自己站出來發聲的選項，因為過去我們不曾被給過機會。我們持續選擇去取悅別人，因為我們看到這是其他人所選的路。

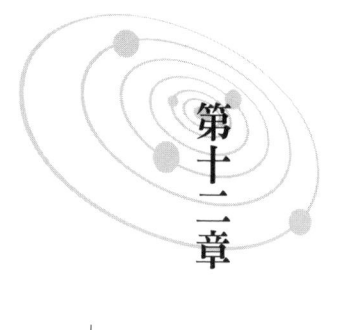

我們仰賴社會慣例，包括做事的方法，以及說話、飲食、學習、溝通和優先順序等等這些長久以來被大家奉行的規矩。日復一日，我們做了上千個選擇，卻很少意會到我們有能力，也可以用不一樣的方法去做每一件事——如果我們這麼希望的話。

我聽過一個關於烤肉的趣事。有位女子做的烤肉不但香嫩，醬汁也很美味。她是從母親那兒學會這道料理，她也傳授給自己的女兒。她告訴女兒，烤肉多汁的秘訣之一，就是放進烤箱前先將烤肉的兩端切掉。女兒照著教導烹調，也能做出一道美味晚餐。

有一天，孫女去拜訪發明這個配方的祖母。她說，「我真開心媽媽告訴我你的秘訣。每個人都說我的烤肉是鎮上最鮮嫩多汁的。」

她的祖母問，「什麼秘訣？」

「就是把烤肉的兩邊都切掉啊！」她回答，「我媽從一開始就是這麼做。她會這樣是因為你這麼做，所以你的烤肉一直是這麼好吃。」

聽到這兒，祖母大笑不已。當她終於忍住笑，她告訴孫女，「親愛的，我不是因為這樣可以美味多汁而切掉烤肉的頭尾。我這麼做是因為我的烤箱太小，我沒有辦法一次全塞進去啊！」

這個有趣的故事傳神地描繪我們這輩子經常持續做同樣決定的原因：因為它們成了我們下意識維持的習慣。或許最初這麼做有很好的理由，但現在繼續這樣選擇對我們真有什麼益處嗎？這個問題很重要，因為許多我們固守的決定能夠影響我們的能量，甚至我們的生命品質。

我們在每一刻都面對某種能量上的選擇。我們不只決定要做什麼，我們也決定要怎麼想、要相信什麼、要如何感受和認知我們所在的處境。到了最後，就是這些平日一點一滴的選擇，造就並編織了我們生命的織錦。

每個片刻的決定，編織了我們是誰以及成為什麼的圖像。這些片刻確實是決定性的時刻，這些持續不斷的小選擇，決定了我們生命的能量與方向。

以行為模式來說，我們要了解我們並不是只做一次決定，而是一再地做出選擇。譬如，你可能在青少年的時候決定抽菸，但此後每一回你點燃香菸，你事實上是再一次做出非常重要的同意。每一次都是一個新選擇，即使在你根本沒意識到的時候。不幸地，你的缺乏覺察並不會因此減損這個決定在你生命裡的力量。

我們的生活充滿了無數下意識和眾多有意識的選擇，而我們未經思考的行為和那些我們花了一段長時間考慮所下的決定，都具有同等的力量。事實上，下意識的選擇如此根深柢固，它們往往有著更大的影響！

然而，當我們能控制自己的種種可能性，我們就能開始引導生命的能量動力。這個力量，這個選擇的能力，允許我們透過兩個根本方式編寫我們所渴望的成功樂章，那就是我們對**態度**和**行動**的選擇。

態度和行動

你所做的選擇若不是和**態度**，就是和**行動**有關。前者和你的認知及信念——意識與能量的基本元素——有密切連結。也因此，你的態度就是**吸引**和**顯化**的主要觸媒；它是想法和情緒專注在特定議題的微妙組合。

我們可能會說自己有良好（或不好）的態度，但我們必須更仔細檢視它真正的意涵。在大多數情況下，好的態度是基於正面信念和令人振奮的情緒；不好的態度則衍生自悲觀的想法加上恐懼或敵意。

你可能曾經有過一些糟糕的心態，但你不必再擁抱它們了。你的心智狀態創造你的實相，以成功法則來說，**態度就是一切**，這是能量的事實，因為你的觀點是你意識創造的推動力。雖說你可能從沒這麼想過，然而，是你選擇如何過每一天——事實上，每一個片刻。也因此，你現在就可以選擇一個嶄新的正面態度。

好好檢視你對行動所做的決定也是好主意。你一直在進行三種主要行動，那就是和自己、別人，還有你的目標有關的持續行為。這些行為具有提昇或破壞你的人生的力量，如果你並不是尋求榮耀和健康的行為選項，現在是做出新選擇的時候了。

成功日誌

針對以下議題，思考自己的態度和行動。將答案寫在日誌，下決心在每天的生活做出更正面的選擇。

態度的選擇：

1. **你對目前的工作是怎樣的態度？**
   - 你對目前工作有什麼想法？是傾向正面或負面？
   - 你對你的工作感覺如何？一般而言，感覺好還是不好？
   - 你要怎麼改變你的想法或信念，好讓你對工作的感覺和心態較為正面？

2. **你對金錢的態度……？**
   - 對於金錢，你有什麼想法和感受？
   - 這些想法讓你覺得滿足快樂，還是絕望和貧窮？
   - 你可以怎麼重新定義對金錢的信念，以便對金錢有較良好的感受？

3. **你追求目標的態度…？**
   - 針對你的每一個目標，分別列出幾個最主要的想法。
   - 你對自己的目標感覺如何？是有希望和堅定，還是懷疑和猶豫？
   - 寫下正面的意圖和想法來扭轉你對這些主題可能有的任何負面感覺。

讓自己的意圖只專注在能放送較健康的意識和更具吸引力能量的正面信念與情緒上。每天提醒自己擁有正面的選項；經常看看自己寫的新想法或信念，並用肯定語的方式確認自己正面的新態度。

行動的選擇：

1. **對自我的行動：**

- 你每天所從事的活動或所做的事，有哪些可能會讓你覺得不光榮？（包括飲食習慣、對自己說話的方式，以及時間的運用。）
- 寫下一些能夠創造比較正面的生活形態和較高階能量的新選擇，以便吸引更好的結果。
- 你要如何在日常生活中應用這些新選擇？寫下一些建議並且執行。
- 你平日的行為和行動，有哪些能榮耀你和你的生活方式？
- 你可以怎麼讓自己更常做出這些正面選擇？

2. **對待他人的行為：**

- 下列的形容詞裡，哪些最能正確描述你最常對待他人的行為？從每組選項中圈選一個。

有愛心的　　　沒有愛心的

信任的	恐懼的
接受的	指責的
有彈性的	控制的
包容的	引起摩擦的
和平的	敵意的

- 你認為自己為什麼會選擇這類行為？
- 它們創造出怎樣的能量？
- 如果你從右邊圈選了任何項目，你可以選擇哪些不同的信念或行為，創造一個比較和諧的振動？

3. **目標行動**

- 你多常對自己的目標採取行動？
- 當你要在朝向夢想和做其他事之間擇一行動時，通常是哪樣勝出？
- 當你從事和目標有關的行動時，你有多熱切？
- 針對你的渴望，你可以怎麼讓自己的行動更頻繁且更具能量？

為了成功達成目標，你必須經常將目標置於優先，這就是**選擇**的力量和**放下**的力量產生關聯之處。為了將目標放在最優先的順位，你可能要放下某些習性或甚至某些個人的滿足。事實上，不論是什麼議題，如果你對自己的人生真的有清楚的覺知，你會一次又一次地發現自己擁有正面運用這兩個原理的選項。**選擇放下**是你所能做的讓你最自由，也最能賦予你力量的決定之一。

想想看，你在一天之中有多少機會可以選擇緊緊握住或輕鬆放下？不論是自發的習性、負面的思考模式或難以處理的情緒，例如恐懼或憤怒，你一直都有緊抓或拋開它們的選擇。

然而，有太多人覺得自己必須緊握不放，因為他們認為這麼做才會帶給他們力量。他們執著於習性，執著於某些人，執著於他們的職稱，還有帶給他們安全感的「舒適區」[1]（comfort zone），甚至他們擁有的財物。但惟有把這些放下，事實上才會帶給你屬於自己的終極力量。

當你選擇放下，你便豁免自己不再執著，不再恐懼，不再有控制任何事物的需要。而隨著每一個放下的決定，你獲得更多的力量——尤其當你決定放下老舊的負面模式、態度和習性時。

如果你的舊模式至今沒能幫你實現什麼目標，那麼它們顯然並不管用，也因此你必須現在就做些新的選擇。

選擇和後果

在生命的律動裡，每一刻都是選擇——而且每個選擇都有後果。事實上，每個選擇都有實際和能量上的兩種結果。有時候，實際的結果不難看到。比如說，如果你持續過量飲食，你會變胖。這是實際上的生理結果。但能量上的結果又是什麼？讓自己過度放縱的決定散發不光彩的共振，你放送出自我放棄和自我厭惡的訊息，這樣的振動必然會為你吸引更多讓你有這類感受的人與情境。

然而，很多時候結果也並非那麼明顯。不論你是在講電話、點餐或聘用副總裁，好好考慮實際與能量兩方面的後果都很重要。你也許不是每次都能預測結果，但在做決定前，你需要衡量你的各個選項，並且檢視其中涉及的能量。你的選擇必須對自己真實，也因此，它們必須要能跟尊嚴、正直和榮耀自我的振動共鳴。

當你要選擇某個行動時（不論程度大小），以下的兩個問題有助你了解行動後果的能量本質。問問自己：**這個選擇會榮耀我嗎？它會提升我的尊嚴，維護我的正直嗎？**

如果你對這兩個問題的回答都是肯定的，那麼不論決定是什麼，你都知道自己做的是最崇高的選擇。宇宙很渴望支持能夠榮耀你的能量，因此你可以放心，你依據這個意圖所做的每個選擇都會帶來真實的力量和源源不絕的祝福！

自我肯定語：健康、快樂和有力量的選擇

- 我知道我每天都有無數的選擇。我以清楚的覺知與意識做出決定。
- 我每天所做的選擇定義我，並且決定我的能量。我每天的思想、言語和行為，都是充滿愛和榮耀的選擇。
- 我選擇用更正面的態度面對自己，面對我的目標和人生。
- 我總是選擇更能帶來力量並充滿愛的自我認知。

- 我選擇活得沒有恐懼、憂慮、忌妒或批判。我選擇放下，我選擇活在平和之中。

譯註：1. 舒適區（Comfort Zone），一般指令人感到熟悉的人事物或環境。

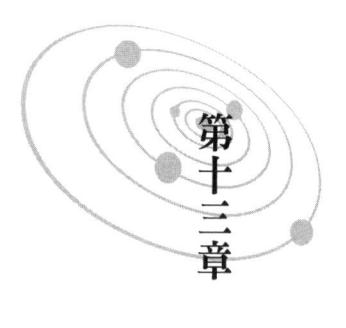

第十三章

愛的力量

成功的第六個個人力量

「愛是成功的必要元素。沒有愛，你的人生在虛空中受苦。有了愛，你的生命振動著溫暖與滿足。」

——葛倫・凡・艾克瑞（Glenn Van Ekeren）*《心靈雞湯》系列書籍作者

當我和客戶談到愛的力量時，他們通常會喊停。一個位居管理階層的男士說，「在此之前，你說的我都了解。量子科學確實很有道理，但當你一說到愛，我就迷糊了。」這是普遍的反應。當人們明瞭量子物理學在生活上的應用，他們理解到自己的**意識**、**能量**和**意圖**對人生會有的巨大影響。然而一談到成功，大部分的人想知道的是「愛跟成功能有什麼關係？」

愛是非常真實的力量，它存在於宇宙和每個人的內心。愛是能被深刻感受的能量，不只以戀愛的形式，而是各個方式；它那強烈、撼人和創造性的力量，在這個世界自由而順暢地流動。當我們將個人的愛的能量和宇宙能量流校準時，天底下就沒有我們辦不到的事。

愛的振動裡沒有恨與恐懼。選擇去體驗、認知和宣揚愛，將引導你看見生命的真正價值，並為你吸引更多珍貴事物。愛的能量不僅可以加速實現目標，它也使你的人生充滿快樂無比的共振。每一次你選擇用愛面對一切，你就激發了所有**成功定律**的運作，因此，讓我們來看看你可以如何應用愛的力量來掌握各個法則。

1. **顯化法則**。要建立愛的意識，先要選擇持續關愛自己和他人。這個選擇會促使充滿喜悅的個人實相的產生！此外，當你越能覺察生命裡的愛的種種形式，你對愛的觀察將增加宇宙的善意回應，豐盛美好的經驗因而顯化。

2. **磁性法則**。愛是你所能投射出最具吸引的能量。不幸地，恨與恐懼也很有磁力——但是在錯誤的方向。在追求成就的路上，這些負面能量永遠無法引來任何愉悅或有價值的事物。當你選擇愛的心態，你就釋放了困惑、憂慮和懷疑。

   現在就做個深呼吸，放下所有的疑慮，然後這麼自我肯定：**我選擇愛**。你的個人能量將充滿驚人的吸引力振動。

3. **純淨的渴望法則**。一個充滿愛的心也充滿希望和興奮。愛自己使你對自己的未來和目標具有信心。而當你選擇現在就擁抱人生，你也就更能放下對目標的執著。這會淨化你的渴望，使你期望的結果加速到來。

4. **矛盾的意圖法則**。愛的意圖裡沒有恐懼。信任會取代憂慮，成為你的生活方式和你的主要能量。你可以把愛與關懷的意圖帶到你所做的一切，不論是工作、玩樂、飲食、談話，或甚至只是呼吸。你所需做的，就是說出愛這個字。

5. **和諧法則**。達到和諧——和同時性魔法——的關鍵，在於活得光榮並以愛接受生活的種種。選擇放下對自己和他人的評斷與敵意。打開心胸讓自己包容、寬恕並展現慈悲。這一切會使你和同時性的神祕力量達到和諧，並為你開啟一整個宇宙的無限機會。

6. **正確行動的法則**。用愛對待這個世界是最終極的正確行動，這世界將以協助、支持和祝福的形式回應你。當你遇到不知如何是好的情況時，問問自己，我要如何把愛帶到這個經驗？然後就那麼行動。

7. **擴展的影響力法則**。你散佈愛的能量的意圖會擴展你和身邊每個人對正面與平靜生活的體驗。不論是在家裡、業務往來、社交圈還是社區，你每一次選擇關愛的思想和行動，你就是幫助和平在這個世界擴展。這個選擇也會為你帶來更多的平靜與豐盛，你因此能將更多美好擴散出去，使整個正面循環恆久行進。

讓愛流動

不論你正在運用哪個宇宙法則，只要你選擇在生命裡散播愛，絕對錯不了。如前所述，最好的開始就是從愛自己做起。沒有愛自己的力量，你只會活在恐懼和憂慮不安裡，而在這樣的心境下，沒有任何正面事物可以成長。

愛自己並不是自大或驕傲自滿；愛自己是珍惜每件事和身邊每個人的起點。為了激發這個源自個人的偉大力量，請看著鏡子，肯定你對自己的愛、價值與欣賞。不要再找自己的缺點了，從現在起，開始認可你的優點。愛是強大的律動。如果你拒絕珍愛自己，你送放出不愉快的能量，使得別人也拒絕關心你。你無法厭惡自己卻還能成功——這點毫無疑問。

除了肯定自己之外，善待自己對自己好，也是不錯的點子。在家裡和公司為自己打造一個能帶來靈感的氛圍。每天固定花幾分鐘放鬆並重新整理自己；為自己打氣，鼓勵自己繼續努力，並恭喜自己表現不錯的地方。要吸引宇宙正面和關愛的回應，你必須選擇一切能代表愛的行為，並將愛應用在所有事上。

珍惜每一天，珍惜周遭的景物，珍惜你從事的工作和參與的活動。你的自我鼓勵以及對生活的感謝，將從別人和這個世界吸引來同樣美好的振動。

一旦建立了愛自己的能量，你可以透過把愛傳送到周遭人們的心裡，擴張愛的能量。當你和朋友眼神接觸時，誠懇微笑並藉由凝視傳送你的關愛；當和人握手時，感覺愛的能量從你的手指傳送出去。你可以透過聲音和一舉一動傳送愛。你也可以觀想一個明亮熱情的能量，像彩虹般從你的心流到別人的心。

有時候，當你感覺疲憊或遇到引發一些較低階情緒的人，你可能會發現要觀想自己傳送關愛能量給對方並不是那麼容易。這時你可以選擇作為宇宙振頻的通道，讓一直存在的宇宙愛的振動透過你傳送。

把自己視為漏斗，讓**神性愛**的偉大振波傾注在你身上，再從你的心對外流動。當你這麼做時，你就是讓自己成為連接愛的導管，你因此將自己處於充滿愛和正面意圖的神奇能量流動的核心。

傳播愛

如果你正好碰到困難的處境或麻煩的人，傳送愛的能量是很有效的解決方法。你可以先想著自己面對的情況，然後放鬆，溫柔地向對方或那個情勢傳送愛。把所有的負面情緒，比如憤怒和恐懼，通通釋放出去。把它們放下，用「**愛**」這個字來替代。

作幾次深呼吸，一次次重複唸出「愛」。如果你要應付的人很討厭，或是要處理的事很困難，你可能會有抗拒感，但你仍然要放下你的抗拒。深呼吸，然後把這段關係或這個情境交託給關愛你，充滿愛的宇宙。繼續深呼吸，並且溫柔地重複愛這個字，接著祈請一個對大家來說最崇高也最理想的解決方案。

慢慢地，你會開始感覺自己的情緒在變化，如果你在每想到這個困擾的問題就重複上述過程，你也會看到情況開始轉變。

我自己就曾多次應用這個作法並得到不可思議的結果。比如說，幾年前我為了在另一個城市舉辦的研討會租借了一個精巧的錄音設備。我需要使用兩個星期，因此租金頗為昂貴。在拿到器材的幾天後，也就在我準備出發之前，我決定先測試機器，好確定使用上沒有問題。

但不幸地，有些狀況。在每一次的試錄後，錄音帶總有很大的嗡嗡聲，我因此打電話給出租器材的工作室。我告訴他們這個情形，並說明我當天會歸還設備。經營工作室的人叫麥可，他告訴我，我可以退還器材，但無法取回租金。他說我必須在借出後的二十四小時內歸還才能得到退款。

我向他解釋，只是過了兩天，能否多少退些錢，但對方態度強硬，他說二十四小時內退還是規定，他們不會因為任何理由改變這個作法。我們的討論變得有些火爆，我說我當天還是會歸還器材。對方最後的回答仍然一樣，「你可以還，但你拿不回你的租金。」

當我坐進車裡準備開車時，我非常火大，覺得麥可的作法既不公平又沒彈性。畢竟，是他的器材有問題。但在我啟動車子時，我重新做了思考。我對自己說，我要對這個情況傳送愛，然後看看會發生什麼事。

這個錄音室離我家約半小時的車程，我在這整段時間都傳送愛的想法給麥可。我觀想自己對著工作室的方向送出關愛和感謝，我也一遍遍地重複**愛**這個字。

我一邊深呼吸，一邊持續送出愛，慢慢地，但毫無疑問的，我感覺自己心情平復了下來。開到半途時，我感到非常平靜，也已願意接受任何結果。我不會讓任何金額的錢破壞我心境的平和與寧靜。我繼續這個過程，重複**愛**這個字，還有麥可和工作室的名字，但我已不在乎結果了。我的動機不再是把錢拿回來，我只是要把和諧帶入兩人齟齬的情況裡。

抵達後，我帶著設備進去，說明要見麥可。由於麥可最後說的話非常堅定，我記得當時心裡已經放棄拿回租金的念頭。麥可出來後，開始檢查器材，並問我哪裡出了問題。我沒有跟他對立，沒有用語言攻擊或試著用任何方法操控他。我只是說明問題並繼續送出愛。

接著，他看著我說，「我從來沒這麼做過，但這回你走運了。」我以為我可以拿回一些些租金，心裡很感激，卻沒想到比這個還好——麥可將我的錢全數退還。不只如此，他還給了我一捲免費的錄音帶！當他把錄音設備拿進後面時，聽到了我們先前對話，正在櫃檯工作的男子告訴我，「麥可從來沒這麼做過。我不知道你說了什麼讓他改變心意。」

我所說的，就是一個**愛**字——一遍又一遍在心裡對著他的方向大聲說出來。這只是我無數次奏效經驗的其中一個例子而已。我在我的工作、個人生活和個案諮商時都使用過這個方法。

記得有一回，我處理一個幾乎要把彼此（也把我）逼瘋的婚姻諮商案。前來諮商的先生很小氣，太太則是揮霍無度。我告訴這對夫妻他們把金錢的議題看太重了，但我說什麼似乎都無法讓他們停止爭吵，因此我最後決定傳送愛給他們。每在我們有預約諮商的當天早晨，在開車上班的路上，以及任何我想到他們的時候，我會說出愛這個字並且真心傳送**愛**給他們。

好幾個星期過去，有一天，他們兩人帶著截然不同的態度走了進來。他們說，我是對的，他們的確需要妥協，而且應該把兩人的關係——而不是金錢——視為優先。

經過了好幾個月的激烈爭論後，他們收到我傳送的愛，最後也決定將這份愛的能量送給彼此。

> 愛為仇恨與敵意帶來和平，為困難的處境帶來解答。
>
> 愛是你所能選擇的最強有力的意圖，並且也是你能採取的最有益的行動之一。說出它，感受它，並且讓它成為你的溫柔態度。讓愛成為你覺知生活裡的真實存在，很快地，你就更能意識到一個美好而充滿愛的實相。

你可以試試上述做法。下一回遇到無解的情況時，傳送愛。當你跟某人有了問題，傳送愛。即使沒有什麼特別的事，你也可以暫停下來，閉上雙眼，呼吸「愛」和它的能量。這並不只是某種空洞，讓你感覺好過的滑稽舉動；這在能量上是很真實的力量。愛會改變你的意識和頻率——甚至你的生理機能。它會前所未有地喚起你的心，點燃你的情緒能量。

當你將心靈與頭腦一起帶進充滿愛的目標時，豐盛之河自將流入你的生命。

自我肯定語：活在愛裡

- 我帶著愛的意識生活，我以愛的觀點看待自己和生命。
- 我選擇用愛對待自己和他人。
- 我釋放評斷、指責和衝突。我選擇和平。
- 我傳送愛給我所見的一切。每天我都以衷心的意圖去思想、感受並說出「愛」這個字。
- 我開心地尋求任何可以幫助別人、展現悲憫並服務他人的或大或小的方式。

第三部

五個吸引成功的能量

成功並不是隨機發生在少數幸運者身上的事；它是一個意識創造的過程，來自個人和宇宙法則的契合。表面上看似的偶然，其實是能量的同時性作用，一個將你的振動和宇宙能量的流動吻合或吸引的過程。

偉大的宇宙能量總持續不斷地提供源源不絕的祝福，只有一件事可以阻擋它流向你的方向，那就是你個人的振動。

不論到目前為止，你是和怎樣的能量共振，不論你吸引到的是什麼，你都不必頹喪，你依然可以運用一些重要能量幫助自己的個人能量場與無限美好可能性的領域連結。

當你每天選擇將這些具有磁性的力量帶到你的心靈和心智，你在意識上就會創造出重大的轉變和截然不同的共振。你的形象與振動也會跟著改變。你對自己和人生的看法都會有更崇高更偉大的瞭解，你也將開放自己去接受令人驚嘆的結果。

第十四章

自信的能量

成功的第一個吸引能量

「只要改變自己，就能改變我們整個人生和周遭人們的態度。」

——魯道夫・最柯斯（Rudolf Dreikurs）*精神病學者和教育家

談到成功，首要的吸引能量就是自信。事實上，缺乏自信是人們無法成功的最大原因——並不是因為他們不能或做不到，而是因為他們不相信自己的價值與能力。

你如何看待自己？你是否相信自己值得，並相信自己有能力成功？這就是自信能量的內涵。而如果你是那種從不曾對自己有信心的人，你還是能夠改變情況。

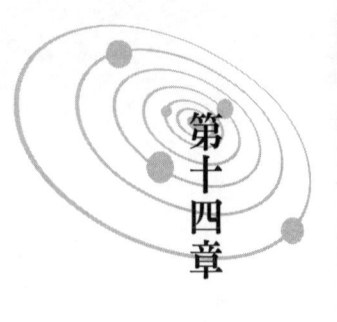

不論你曾經怎麼感覺，或甚至過去的表現，你都有力量為自己創造你現在所需要的自信。天底下沒有你無法改變的能量模式，如果你願意花些時間並付出努力，你就能運用本書第二部份所討論的力量，徹底轉變你對自己的看法！

有時候，自信是選擇性的。舉例來說，我們可能喜歡參加運動方面的活動，卻對商業領域沒什麼安全感；我們可能對工作很有把握，卻對談戀愛束手無策。而一般說來，我們知道自己是否具有真正成功所需的自信。

說到自信，你對自己是怎樣的感覺？你確信自己擁有成功的能力嗎？還是你總猶豫不決和自我懷疑？

自信這東西似乎很變幻莫測，很少人了解它，甚至更少人知道要如何有意識/覺知地創造它。但當你著眼在它的量子機制，你就會明白，建立自信不只可行，而且是必要的。

> 自信的根源主要來自你的自我形象——而形象在意識創造是非常關鍵的元素。你如何看待自己和你對自己的期望，這兩者在本質上是相連的。
>
> 如果你對自己抱持負面看法，你會預期自己表現差勁，然後你的實相很可能就會符合你的預期。但你如果擁有正面和健康的自我形象，你會預期自己表現最好的一面，於是你的意識就會創造出那樣的實相。
>
> 就意識創造而言，你的自我認知向外擴展，進而創造你的個人結果。

以下是自我形象如何運作的例子。讓我們假設你年輕時在公眾面前演說有些障礙。在高中的演講課上，你有過幾次慘痛經驗，由於太過緊張，你整個演說過程都是結結巴巴。你因此把自己在這方面認知為失敗者，而你預期這個「事實」會持續一生。

許多年後，如果有人要求你在工作場合演說，你自然而然想起過去的挫敗形象，即使這時你在一群人面前說話已經不會結巴，你還是立刻製造了符合過去不愉快和恐懼經驗的神經胜肽。這又進一步強化且鞏固你對這個議題所持有的不良自我形象。

聽來像是無藥可救的迴圈，不是嗎？失敗導致負面形象……然後又導致更多失敗。但不要因此絕望，因為能量和生理的量子機制再次提供我們由內而外改變事情的力量。

不論過去發生什麼，你永遠可以選擇進入另一套新的神經網絡，創造嶄新形象，並且重新改寫任何個人議題。

這要如何辦到？

還記得大腦無法分辨真實經驗裡的影像和栩栩如生的想像嗎？視覺皮質（visual cortex）只有部分是依賴所看到的影像。我們大多的視覺經驗是由過去影像的記憶和我們個人接收的資訊所形成的特定預期組成。如果你改變預期中的景象，你就能改變所觀察到的實相，以及你的意識創造。

我在處理某個患有公眾演說恐懼症的個案諮商時，就使用了這個影像與覺察的轉換技巧。

湯姆來找我的時候是三十五歲，他當時在工作上面臨進退兩難的處境。他在公司爬升得很快，眼前就有升遷為全國高階主管的機會。然而有個問題：他必須在座無虛席的大禮堂上演說。光想到這點就讓湯姆膽顫心驚。

一直以來，湯姆就很怕在群眾面前說話，但他已努力克服這個恐懼到了一定程度，他現在已經可以主持五到十人的小組會議。即使開始時很困難，湯姆透過藥物和本身的努力，多少有了些成效。如今，他必須面對數以百計——最後甚至會是好幾千人的群眾說話，只要一想到這點，他就開始恐慌，連吃藥都沒用。

他來找我諮商時，用一種絕望的認命態度告訴我他過去的經驗。當我對他說，「湯姆，我們要來改變你的歷史。」他以為我瘋了。他問我怎麼做，我回答，「簡單——就是改變你的心理影像。」

我從教導他一些放鬆技巧開始，再用自我肯定語幫助他釋放對過往印象的執著。我告訴他，每當舊想法出現就執行這個方法。接著我們開始新影像和新情緒的創造過程。

我們進行了一系列的催眠療程，先從放鬆誘導法開始，然後觀想一些新的、成功的影像。我們使用一種稱為「心智減敏」（mental desensitization）的方法，讓影像隨著連續療程的進行而改變，每次的療程我們都會先擴展先前一次的觀想圖像，再加入成功的新元素和情緒。

在第一次的療程，我們創造湯姆站在大禮堂講台上的影像。畫面裡就他一人；觀眾席和講台上空空如也。由於整個場景空盪盪的，他看到自己以全然的自信和自在，甚至樂在其中地演說。

接下來的療程，是想像只有一位觀眾。我告訴他選擇一個支持和鼓勵他的人，他選了他太太。他再一次看到自己怡然自得又滿懷熱情地演說。在他的腦海裡，他太太微笑看著他，對他說的每個笑話開懷大笑，並在演說終了時給予熱烈掌聲。

在進入下一階段前，我們先重複前兩次令他安心的情境，再慢慢增加更多人進到畫面：首先是他的孩子，然後是他的朋友和其他家庭成員；接著是辦公室裡一些支持他的同事。在每個「鏡頭」裡，他都看到自己是很有力量的演說者，輕鬆自在又有魅力；我們每次也都加上一些愉快、舒適和放鬆的感覺。

進行了幾次療程之後，湯姆終於能夠毫無困難地想像對著座無虛席的聽眾演說——並看到自己享受於這樣的情境！

湯姆在我的辦公室進行這些想像練習，我們也錄了音讓他每晚能在家裡聆聽。大約過了六個月，真正的演說即將上場。湯姆必須對七百個人演講——這至少是他過去主持會議人數的七十倍之多。

他很緊張，也很興奮。正式演說前，他保持微笑，深深的呼吸，先重溫修正後的想像畫面，最後再感受那種自在、輕鬆、成功的全新情緒。湯姆過去從來不知道自己可以辦得到，但他現在已經成功觸發和接通全新的神經網絡，製造出不一樣的神經胜肽並完全改變了自己的感受。

湯姆的演說非常成功；他既放鬆又風趣，他甚至不需要那些過去為了小型會議所吃的藥。湯姆得到了升遷，還有一大筆加薪和股票選擇權——而且自此之後，他升遷的速度更快了！他現在不必思考就能在上千人面前主持研討會。他修正後的自我形象為他創造了一個新的意識、新的生化作用，以及實相。

不論你現在面對著怎樣的難題，也不論是哪種負面的自我形象糾纏著你，這些影像都**可以**被徹底改變。你目前擁抱的這些自我形象只代表你過去歷史的一個特定部份，它們並不是你的真理——也不是你的未來。

它們可能看似正確，那是因為你對它們感到熟悉；也因為它們強烈的情緒，你可能覺得它們難以抗拒。但不要因這些錯誤假定就裹足不前。

請使用**放下**的力量來釋放這些過往的限制，然後運用**選擇**和**意識**的力量去創造新的、強壯的自我形象。

接下來的探討和檢視將有助你認出並釋放你的負面自我形象。持續這麼省視，直到你創造出新的、興奮的和成功的實相來源的嶄新圖像。

轉換自我形象

列出你目前的自我形象，然後根據它們帶給你的感覺標示正面或負面屬性。（例如：高爾夫球打得不錯——正面；體重過重——負面；和善——正面；酗酒——負面。）

每想到更多的自我形象就加註在日誌裡，然後依照下列步驟處理。

- **針對所列的負面形象寫下對應的悲觀想法或信念。**

（例如：我太胖了，我永遠不可能瘦下來。大家不喜歡胖子，所以我永遠不會成功。）

- **針對每個特定結論，寫下釋放它們的自我肯定語句。**

（例如：我釋放所有對自己體重的影像或批判。我值得以現在的樣子被接納。我的新形象是健康、強壯和吸引人的。）

- **生動地描述每個正面的新形象，用鮮明和快樂的細節填滿。**

（例如：我看到自己穿得很漂亮，比以往都好看。我的穿著迷人，我也注意到自己的身型看起來更好了。我總是看到微笑、開心且自信的自己。）

- **觀想你的新形象。**首先，放鬆，深呼吸，然後帶著愉快的心情想像你看到的新畫面。儘可能明亮清楚地看到整幅圖像。專心想著這個畫面，讓它生動；繼續放鬆和深呼吸，想像這幅影像越來越靠近你。微笑，為這個影像加上可以提振情緒的正面字彙，譬如有趣、美麗、強壯，令人喜愛的。
- **每天至少花五到十分鐘，讓自己體驗這幅正面影像。**專注在這個影像，感覺自己對它越來越熟悉。知道它代表你的真正實相。這個新影像和充滿愛的感覺將為你生命的各個層面帶來自信、更美好的幸福和更多的成功。

只有**你**能決定如何認知、定義以及想像自己。你舊有的負面想法來自過去的經驗，但你現在就可以創造新的認知。

這是不一樣的時刻，一個從裡到外，重新創造自己的全新機會。磁性法則說明這個世界只能依照你看待自己的方式來回應你，因此，是時候放下過去的自我批判了，現在就選擇看重自己。

放下舊日的負面形象後，再以正面的自我形象和認知來輔助，你的意識轉換就告完成。當你有意識地決定把自己看為有價值、有能力而且值得時，你就能開創一個燦爛的新實相。每分每秒，你都有為自己描繪另一幅圖像，接受新形象，並傳送充滿生氣又具魅力的個人能量的選擇。

就從現在起一直選擇**自信**。讓你的每個想法都能榮耀自己，你就能充滿信心地邁向豐富卓越的未來。

自我肯定語：魅力的自信

- 我選擇更看重自己。我知道我值得被自己高度肯定與尊重。
- 我每天用溫柔而充滿愛的聲音肯定自己。
- 我相信自己。我看重我的正直和價值。
- 我愛我的生命，我愛我自愛的能量。我是珍貴且特別的。
- 我選擇只相信自己最好的部份。我學習無條件愛自己，接受自己。我有能力創造出自己所渴望的一切。

第十五章

樂觀的能量

成功的第二個吸引能量

「……把你想要的事看作是已經存在的事實——而你能正當想望的一切，都是你的。」

——羅伯特．柯里爾（Robert Collier）* 作家

第二個重要的吸引能量就是樂觀，也就是正面的心態以及一切都會順利的整體預期。這個能量與前一章討論的「自信」主題緊密相連，因為樂觀的人較易有自信，而自信的人也容易感到樂觀。因此，你決定努力於其中一項品質，絕對有助提升另一個能量。

樂觀蘊含一種特殊的電荷，一種平靜的確定——相信不論目前情勢如何，這世界都將為你帶來美好事物。這種充滿希望的預期是意識PIE（認知、想像、預期）的重要部份，因為正面預期投射出充滿動力和創意的覺知/意識。對未來的樂觀展望會使希望成真，並產生能夠吸引宇宙祝福的活躍能量。

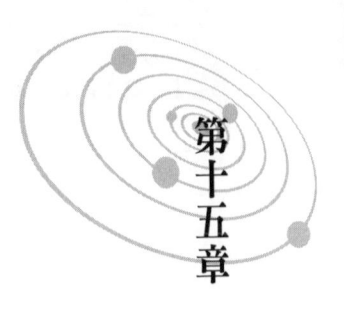

在恐懼中蹣跚而行VS乘浪而起

悲觀者用憂慮填滿意識——雖然他們可能根本沒有察覺。他們將能量消耗在恐懼和負面的預期，甚至忘了自己有用不同眼光看待事情的選項。然而一個樂觀的人會對自己的憂慮模式有所覺察。他們會注意到自己失去控制，他們會試著去阻擾或介入那些擔憂的想法。

一個樂觀者會想，如果一切變得很棒呢？而悲觀者則懷疑，若一切陷入絕境？

悲觀者的能量因而形成自我實現的預言。就如所有的心理和情緒模式，你自己的共鳴會自宇宙吸引對應的振動。悲觀的人把事情想得很悲慘，預期最糟的情況，試圖從恐懼和懷疑中擠出能量，最終不可避免地吸引了他最害怕的結果出現。

要落入這樣的循環非常容易。憂慮導致失落，而持續的失落又讓人更焦慮。因此，恐懼對解決問題和成功的能量來說，絕對是一大阻礙。

> 樂觀會帶來正面結果，持續產生更多充滿希望的預期。樂觀的態度會創造一種幸福感，伴你走過人生，即使成果可能來得有些緩慢。
>
> 不論發生什麼事，真正的樂觀——帶著希望和正面預期的態度——使你處於「宇宙的流動」，也就是個人意圖和宇宙解答的神奇匯聚之處。

以下哪些是你常有的態度？你是活在恐懼還是宇宙能量的流動裡？檢視下一頁的表格，看看自己是比較悲觀還是樂觀。

悲觀	樂觀
大多時候感到恐懼和憂慮。	一般來說，對現況感到輕鬆，對未來感到信任。
把負面事件看成可能改變人生，甚至無法逆轉的事。	可區隔看待個別問題，並且把它們看成是暫時的現象。
感到無力，好似無法處理事情一樣。	尋找可處理的解決方式並採取行動。
容易感到膽怯、緊張、敏感、不安或不自在。	較為隨興，也有較多的樂趣。
較不活躍，而且容易陷在習性或是上癮行為。	較為平衡、活躍、積極和合群。
很容易因外在環境而沮喪，而且隨著新問題的出現，沮喪情形更嚴重。	可能會暫時感到沮喪，但比較容易恢復心情並重新出發；能下決心放下過去。

你可以很容易就看出樂觀者的模式會創造較為平靜的心理狀態，除此之外，之所以要選擇樂觀的心態，還有許多原因。

研究顯示，樂觀的人比較不容易感染傳染性疾病，而且較易痊癒。他們的壽命較長，較少罹患重大疾病。一個近期針對八十到九十歲人口所進行的研究顯示，健康長壽的最主要元素，就是從失落和挫敗中恢復，並對未來仍抱持期待的能力。

除了所有生理和心理上的誘因，還有另一個——或許是更有力——的動機要做個樂觀者，那就是樂觀會為你的人生帶來能量和意識的改變。你不只變得更快樂，你也會吸引到更多正面的人！來自宇宙的協助並將以非凡和驚人的方式顯化。不論是找到一個方便的停車位或得到夢想中的工作，當你置身於神性流動的樂觀狀態時，你就更容易吸引美好的事物。

超越悲觀

選擇做個樂觀的人可能不那麼容易，卻很值得。就像大多數的重要決定一樣，你不是只作一次抉擇而已，你每天都要作出決定。因此，每天檢驗自己的心態是重要且深具意義的。無論你是多麼不由自主地要負面思考，你都必須好好運用每一次機會選擇一個新的處理方式，一個不一樣的態度，好將自己從心智的牢獄中釋放出來。

如果幸運的話，你的消沉看法只是某些敏感問題所導致的一時恐懼。但如果你像大多數的悲觀者，你就會不斷耽溺在負面預期的過程裡。

許多人認為，他們的擔憂有助於他們處理隨時可能冒出來的各種問題。然而，有所準備要求的是**規劃**——不是煩躁不安。**當你專注在負面想法時，無論你有多認真，都無法獲得正面結果，**

這在能量是千真萬確的事實。因此，做好你該有的準備，但永遠要採取積極行動來化解負面思想。

成功日誌

每當擔慮佔了上風，你可以透過下列問題，提醒自己負面思考的後果。經常在日誌這麼練習，直到它變成你自發性的心理歷程。

- 這個負面想法為我帶來怎樣的情緒？
- 它真能解決任何問題嗎？
- 這個想法榮耀我，增加了我的力量，或是在任何方面讓我感覺好過？如果不是，我能有什麼新的想法？
- 這樣的悲觀心態創造了怎樣的能量？我真的希望這種振動不斷出現在我的人生嗎？
- 這樣的共振會製造怎麼的結果？

憂慮保護不了你，它只是讓你的現在變得悲慘，而且還確保你在未來吸引到更多的心痛，所以你一定要積極迎擊你的負面思考傾向。

當面臨難題或是有什麼憤世嫉俗的想法時，花些時間，把它們寫下來。

將你擔心的事一一列出，再寫些樂觀想法來抗衡這些負面假設或預期。至少，你也要這麼自我肯定：「我不必如此小題大作。」「我可以放下這些憂慮。」最好能進一步肯定對自己說：「我是有力量的。」「我相信自己有能力處理任何事。」「一切都會柳暗花明。」

自我肯定宣言

有些人會輕忽自我肯定語的效用，但就如你從前面章節所知道的，肯定語在能量和意識轉換上都是很有力的工具。它們對於投射強力的磁性能量特別有幫助，因為自我肯定的過程是一種有意識的吸引更樂觀心境與想法的意圖。它能夠抵消那些對許多人來說，已經成為生活方式的自發性負面思考。事實上，你若非有意地在自我肯定，你很可能就是在無意識的進行否定或負面思緒。

這是為什麼以一種自我肯定的態度生活如此重要。因為它給你選擇，幫助你轉變心理和生理能量，甚至創造新的神經路徑，它會使樂觀成為你更自然而然的自發反應。

如果你正處理一個棘手的問題或某個特別具破壞性的信念，你可以練習以下的自我肯定語沉浸技巧。

要讓自己有效沉浸在能夠反轉負面模式的正面想法裡，你必須持續重複你的自我肯定語——甚至一天上百遍——直到你覺得自己的心態有了改變。不論在什麼情況下，對著鏡子自我肯定都是個好方法：**我珍惜我自己。我愛我自己。我期待最棒的事。我永遠值得擁有最棒的事物。**然後，再看著自己說：**我愛你。我相信你。你值得快樂。**

這不只是傻傻重複正面卻不具意義的陳述句。真正的自我肯定語是一種生活方式，是一種以樂觀的心智架構觀察和經歷每一天的正面意圖。這樣的態度能幫助你活得光榮且心懷感激，使你立刻產生能量上的改變。

> 自我肯定語是改變和創造命運的開始。
> 意識的力量這麼宣告：話語是一切的開始。
> 因此，說正面的話。

你也可以學習一些讓自己樂觀的技巧。去做凡是能幫你讓內在敵人——那個無法接受最好事物的聲音靜止下來的事。每當負面想法浮現，停下來，打斷它；介入，放下，自我肯定。先將悲觀的想法中立，讓自己一一釋放這些思緒，接著將它們轉換為全然的樂觀。隨著時間，慢慢地，這種只選擇正面思維的作法將為你帶來源源不斷的正面結果。

當遇到逆境，面對並處理，但絕不要讓它們來定義你。悲觀的心態會使你成為自己最大的阻礙，因為你創造了衝突的思想和矛盾的意圖。如果你渴望達成目標卻又對結果感到悲觀，你顯然是對宇宙放送出混雜的信息。

樂觀使你帶著決心——而非絕望——朝目標邁進。沒有衝突的思想、單純的心智和純淨的意圖，這些狀態是宇宙必然要回應的強大力量。

當你以樂觀的態度生活，你就會實現最理想的結果。

無敵樂觀的自我肯定語

- 不論接下來會如何，從現在起，我只選擇樂觀以對。
- 我是放鬆的。我擁有豐富的資源。我信任自己，我對我的未來有信心。
- 我是自然不做作的、我喜歡好玩的事、我是快樂的，我積極並充滿希望。
- 無論在什麼情況下，我都拒絕害怕。樂觀是我的新態度。
- 不論是在所做、所想和選擇的一切，我活出自我肯定和樂觀的生活。我肯定並認可自己，我肯定我的價值和我的人生。

第十六章

目標的能量

成功的第三個吸引能量

「目標是某個比你自己還偉大的東西。它把你改變成你注定成為的人。」

——班哲明・厄爾・泰勒二世（Benjamin Earl Taylor, Jr.）*催眠師和NLP執行師

你活得有目標嗎？你有一個指引你做出選擇並引領你前進的指導方針或核心標的嗎？如果沒有，你可能不論多努力，費盡了再多時間和能量在不同的方向努力，都不曾真正抵達你所選擇的目的地。

有沒有目標的差別就像彈珠台遊戲跟保齡球。沒有目標的你，從一個事件彈撞到另一個，因突如其來的狀況脫離正軌，掉入死巷的終點。沒有目標，你的人生就好似彈珠檯遊戲；你的能量是散亂的，你的結果大半被運氣擺佈。

有目標的生活則使你專注並集中心志，它引導你到一條比較直接的路徑。就跟打保齡球一

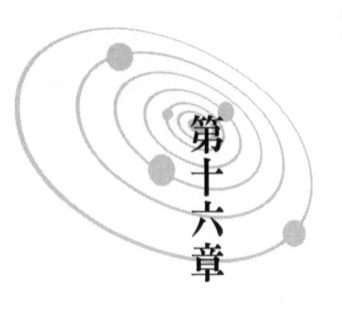

樣，你的能量和人生依循著一條直通目標的路線。當然，在你學習調整適應你的能量遊戲時，你可能會經常洗溝，然而一個具有目標的共振，最終會擊出完美的全倒。

你認為你的**主要**目標是什麼？現在就花點時間思考。如果你的答案跟工作有關，再想一次，因為那是你的專業目標。如果你相信它和你的家庭有關，你也需要再想想，因為那是你的私人目標。

你的主要目標跟任何在你之外的事物無關；它是關於你的**內在生命**。從你出生到死亡的這趟旅程，有一個比買棟大房子或成為鄉村俱樂部會員更重要的事必須被完成，那是超越財富或甚至名聲的東西。那是當你離開人世時，你唯一能帶走的；它就是你個人與靈性的成長。

「主要」表示第一或最重要的，這兩個意義都適用於我們的靈性目標。靈性是我們最初來到這裡的動機，也是我們逗留於此的最重要原因。對世事的清明瞭解、自我控制和日益深廣的愛，都是這個靈性自我的過程，也是我們人類經驗的核心意義。這其中的美妙就在於當這些特質成為你的生命核心，它們會在能量和意識上產生戲劇化的轉變，而你其它的目標似乎也就自然而然地清楚了。

雖然大多數人的靈性目標都和愛有關，但只有你能決定自己的靈性目標是什麼。不論是學習關心自己或別人，還是學著在你和上帝與宇宙的關係裡發現更多更偉大的熱情，愛，它一直是我們最偉大的課題。而一旦我們學到有關愛的一切，我們就必須有意識地選擇它。這正是**擴展的影**

響力法則的意義及作用之處。

我們越是放下仇恨並擁抱愛，就會有越多的正面能量在我們的生活與世界擴展——這麼做不只為我們自己，也是為了每一個人。

有時候，我會只是重複這個意圖作為一天的禱詞：**選擇愛；選擇愛；選擇愛**。如果我帶著批判的眼光看著鏡中的自己，我會放下批判，然後說：「**選擇愛**。」如果某人在我開車上班途中搶道，我會釋放憤怒，做個深呼吸，然後提醒自己：**選擇愛**。如果我對工作場合的某人感到失望，我對著那個人的方向，簡單地對自己重複：**愛，愛，愛**。

> 選擇愛作為靈性目標並不只是毫無意義的新時代噱頭。它是很具力量的能量選項，也是一個讓你從沉重、遲鈍和世俗的振動，轉換到輕盈、流暢且富吸引力的美麗共振的過程。也因此，你的靈性目標無法全然和你個人或專業上的目標分割。你越是將靈性目標視為你人生中的優先事項，你的共振就越能在每個領域閃耀發光。

我覺得自己極其幸運，能夠結合我所有的目標並把我熱愛的事作為一生的志業。我覺得我在此的主要——或靈性——原因，即是體驗**神性**的愛到最完滿的程度，而後將它擴展到世界。作為一個作者、演說者和諮商者，這也已經成為我專業目標的主要部分。當然，在身為妻子和母親的私人生活裡，這也是我的首項。近年來，我也把提倡領養當成一項使命，這尤其令我覺得充實，因為它將我對愛的意圖帶到一個和我心緊密相連的議題。

有許多人很努力地想找到他們的目標——無論是靈性、個人或專業面向。然而有部分的問題是出在他們混淆了目標和動機。

譬如說，你可能每個月都有付房租的動機，但這是你的人生目標嗎？如果你跟大多數人一樣，經常被眼前的需要牽著跑，那麼這些需要——而不是目標——就成了你人生中裡難以抗衡的力量。

為了使你的能量和宇宙法則調諧一致，很重要的一點是決定了你的目標之後，你要選擇去榮耀它。一個能激發你熱情的目標，就是你能帶給自己人生最受矚目和最吸引人的意義。

熱情＋目標＝力量

每當看到許多人幻想成功，卻又不明確知道自己想達到什麼特定目標或行動，總讓我好生訝異！很多人告訴我，他們想賺很多很多錢或是成名，然而當我問他們要如何達成時，他們一點想法也沒有。可是，如果你還沒有清楚認定你的目標，它就不可能實現。沒有目標作為努力的起點，你無法專心致志地將渴望變成事實。

在夢想家與實踐者之間存在很大的差異。前者想像自己開著很炫的車，或正飛往充滿異國情調的旅遊聖地，但他其實對這一切要如何實現毫無頭緒。不幸的是，沒有目標的遠大夢想只會創造出行動和能量的真空，而在其中，沒有任何事能完成，也因此無法造就成功。

這就是在人生中漂浮，邊怨嘆他們那其實沒什麼好埋怨的工作，邊夢想著中樂透或繼承一筆意外之財的無數例子。他們妒羨那些擁有自己所渴望事物的人，這樣的感受加上本身缺乏目標，只會導致更多沮喪能量將他們欣羨的事物排拒在外。

實踐者了解這個陷阱。他們跟夢想家不同，實踐者為自己決定要進行怎樣的追尋。他同樣有夢想，但他知道達到夢想需要些什麼，他們也願意採取所有的必要行動使夢想成真。

就如缺乏目標的夢想家一樣，實踐者也會想像自己開著昂貴的車或搭乘噴射機環遊世界，不同的是，他會透過個人的目標、計畫、行動，還有真切的熱情（這正是能量的加速器），將成功的影像建構在穩固的基礎上。越是熱切的追求，越可能成功。

因此，要如何找到能夠啟動你的熱情的目標？有些人很幸運，他們在人生早期就知道自己想追尋的道路。他們被一種內在的知曉，也或者是一種天生的才華所驅動。如果他們堅持下去，他們會找到一個在個人理想和財務上都能豐收的事業。

然而，有很多人在選擇事業時並不是那麼的覺知。他們往往是因為意外的機會或環境之故。我認識許多人十八歲時去做一份他們認為只是暫時的工作，三十年後，他們發現自己還在同個行業裡。如果他們夠幸運，這條路帶給了他們喜悅和成就感。

但有許多因偶然而進入事業領域的人就沒那麼幸運。他們可能認為自己只是嘗試看看，而多年後，不論是否真的快樂，他們都還在原處。由於習慣與熟悉，他們選擇了停留，寧願捨棄他們的夢想以維持安定的現狀。

這種表面上的舒適確實很誘惑人，它能夠困住你，即使你不快樂——而如果你賺的錢足夠使生活無虞，它又會顯得特別誘人。不幸的是，這個收入和習慣的結合會是個陷阱。

這個陷阱就是恐懼，而恐懼就像鋼牙般，呲牙裂嘴地咬住你的希望和想像力。當你發現自己其實對這份待遇很好的工作並不樂在其中時，它會猛然一口咬下，讓你害怕假使換個喜歡的工作，你就賺不到同樣多的收入。這其中的諷刺就在於，**你願意為了你以為能帶來幸福的金錢而放棄幸福！**這個財務上的掙扎，能夠把人困上好幾年，幾十年，甚至一輩子。人們認為，「如果我去試新的方向，我永遠也不會成功。」「我做這行這麼久了，現在要重新開始太遲了。」

但是，找到一個能激發你熱情的目標，以及去追求你喜歡的事物，永遠都不會太遲。事實上，想要在你厭恨的領域或嫌惡的工作獲得真正的成功才是不可能的事。因為環繞在這類情緒的共振頻率太過惱人，根本無法吸引開心愉悅的人事來到你的生命。

反之，熱情是成功的觸媒，因為它增添興奮的元素，而興奮正是純淨渴望法則的主要能量供給者。沒有了熱忱，你無法創造出啟動宇宙法則所需的興奮等級。有了熱情，你的興奮能量將推動你持續行動，並觸發能量場的美好回應。

成功日誌

接下來是一些可以幫助你決定目標，並且確認哪些目標和活動最有可能點燃你的熱情的小線索。

花一些時間，在日誌裡進行下列練習，務必認真思考每個項目。記得，你的個人和專業目標是你個人獨特性的表達。它們應該和你的興趣共鳴，並反映出你喜愛的事物。

- 列出一些特別讓你感到你就是你的事。包括你的個人興趣和你喜歡從事的活動。（例如：對政治有興趣、喜歡棒球和騎馬。）
- 檢視清單，寫下可以和這些興趣連結的任何嗜好、目標或工作方面的活動。如果你不確定，搜集資料做些研究。
- 想想你剛才的答案。在這些相關事項裡，你認為哪一個能夠成為你的專業目標？哪一個最能激發你的熱情？

若要獲得真正的滿足，你的目標應該要能反映你個人的價值觀。如果它和你的核心信念相左，你會經常覺得失去平衡——甚至可能覺得自己活在謊言裡。這對你的能量絕對有害，而且在這樣的狀態下，你永遠不可能是真正開心的。

現在，請繼續以下的步驟。

- 列出一些你最看重的事物。你可以把金錢含括在內，但不能只侷限在金錢。有些項目可能已經出現在你之前的清單。（例如：與家人和朋友相處的時間、戶外活動、你對宗教或靈性的追求。）

- 什麼目標（個人或事業皆可）會幫助你釐清這些價值的順位？
- 你要如何讓這個目標變成你日常生活的一部份？

這些都是非常重要——甚至足以改變人生——的問題，如果你想在生命裡創造真正的成功經驗，你就必須誠實作答。

確立目標是純淨的渴望法則最具吸引力的能量之一，因為一個與個人目標契合的生活會投射出充滿活力與魅力的振動。事實上，**目標**和樂觀的態度是創造充滿**熱情**人生的主要元素。這兩者的結合是吸引力過程的背後驅動力，也是個人滿足感的主要泉源。

當你的目標與人生志業一致時，你會有這樣的感覺：**這就是我。這就是我該做的**。當你能對自己的事業有這樣的想法時，你就知道，在一個很重要的層面和意義上，你，已經成功了。

自我肯定語：具有力量的目標

- 過一個快樂和充滿希望的人生是我的目標。
- 我每天都努力去愛，去了解，學習自我掌控，做自己的主人。
- 我的生活充滿熱情和個人力量。我每天都為自己行動。

- 我的生活平衡和諧。我保持平衡並專注在目標。我正在實現目標的道路上。
- 追求幸福是安全的。我做出榮耀自己性靈的選擇。

第十七章　當下的能量

成功的第四個吸引能量

「亙古以來，就只有『當下』，同一個『當下』；唯一沒有止盡的，就是『當下』。」

——薛丁格（Erwin Schrödinger）*物理學家

有句古諺這麼說的：「今天是一份禮物；因此人們稱它為『當下』（present，與禮物同一字）。」這可能聽來只是句俏皮話，然而它的意義在於檢視這句話在能量的真實性：**能量上來說，我們活著的每個時刻都在創造我們的實相**。

事實上，以意識創造而言，我們從未有過其他機會。這就是為什麼每一秒都如同禮物般珍貴。「當下」就是我們的機會之窗。它提供我們可以改變人生的新選擇。它是改變我們未來的力量。這就是「當下」的美好磁性能量，每一秒，每一個當下，都是宇宙的禮物。

只是，我們常輕忽和流失了許多美好時刻。比如說，我們被給予一個美麗夕陽的傍晚，卻因過於忙碌而沒能留意和欣賞天際的美景。宇宙又給我們另一份禮物——也許是能讓我們放鬆的機會——但我們卻太過憂慮無法輕鬆，因此也浪費了這份禮物。我們可能有機會和朋友一起開心說笑，卻掛心工作或因其他義務而放棄。

假使你一直送禮物給某人，但對方卻一再丟棄，你會怎麼做？你當然停止再送禮物給他們了。

我們每遺棄一個片刻，就是一次拒絕的動作，一個對自己人生的蔑視，而**宇宙**也會以此回應我們的渴望。如果我們能認知到每個剎那的珍貴，如果我們能看到它所提供的美麗、祝福與豐饒，我們就能在當下戲劇性地改變能量，也改變我們所見的未來。

許多人總是把時間花在擔憂還沒發生的事，並老回想著過去的辛苦。若我們持續沉緬過往或憂慮未來，想想會有什麼結果？我們會失去當下的潛在力量。

假使我們的心智一直在過去和現在之間跳來躍去，我們就絕對無法在心理和情緒上採取正確的能量行動。

「現在」的旅客

通常，我們之所以不想處在當下是因為我們不認為它有什麼特別足以讓我們全心關注的地方。這使得我們邊抱著打發時間的心態度日，又邊等待好事到來。我們認為生活是由不斷的平庸瑣事組成，偶爾才交織些開心或特別的事件。而在我們等待著那些重要時日來臨時，卻對身邊發生的一切覺得乏味或不感興趣——或許甚至怨恨和厭煩。

這就是我所稱的中途站心態：認為日常生活不表示熱情或幸福，我們只是在一個中站等候某個特別但轉瞬即逝的事件發生，好暫時將我們從憂鬱消沉中解脫出來。有些人甚至從沒想過當埋首於每天的例行事務時也能快樂。他們總是急躁易怒、感到消沉或無趣。

不幸的是，太多人正是如此看待這個世界。他們只在等候更好的事情發生。這會成為一種根深柢固的生活模式，他們很可能很長一段時間——甚至幾十年——只會把生命看做負擔。

這樣的態度會創造出哪種不幸的意識？又會衍生出怎樣的實相？

如果你持續輕忽並貶抑生命裡的重要時期，你只會得到被忽略和不被看重的回應。漠視你的當下事實上是在創造一個缺乏自我存在的意識！

你必須自問：我是否經常覺得自己只是在敷衍度日？要知道，不論你在做什麼，你都有珍惜當下並創造正面能量的選項。這個選擇會聚合「感恩」與「當下」這兩個磁力振動，創造出明亮的能量渦流，並改變此後一切。

當下這刻並不是前往某地的無意義中站，它本身就是真正的目的地，它是一個等待你去運作的能量廠！

每當你以全新認知，以嶄新方式看待事物的那一刻，你就在轉變你的能量產物。

如果你選擇榮耀、愛和喜悅的觀點，你就是為「當下」添加了你所有的力量。不論你在做什麼，即使是像整理家務或開車上班等的例行瑣事，你都可以選擇去看到這一刻，當下的價值。

「這一刻」是特別的，它是進入能量場域的門戶，也是你唯一擁有這確切時機的時候。

很久前，我聽過露易斯・賀（Louise Hay）一句很棒的自我肯定語：「威力之點一直是在當下這刻」，當你對能量的科學和意識創造有些研究時，你就能體認這句話的絕對真實性。答案並不在過去，未來也不是必然。你能採取任何真實或能量行動的唯一時機就是「當下」。將時間花在回想過去或憂慮未來，不會是你想採取的行動。

有這麼句有趣的話：「如果你一腳踩在過去，另一腳踩在未來，那麼你唯一能做的就是在當下小解！」你真的想這樣對待你的威力之點嗎？當你照顧好「當下」這刻，你就不必憂慮其他的事，因為當你用珍惜、樂觀和感恩為「現在」注入能量，其他一切自然水到渠成——而且是以不可思議的神奇方式展開。時間是你的力量的能量源頭，是認真看待它的時候了！

宇宙法則會對我們當下的人生態度做出直接回應。如果你能停止為明天擔憂，現在就讓自己感受所企求的快樂，這會確保你期待的未來成真。

不要等待一個「特別的」事件發生才要享受生命。你的生活品質並不是來自非比尋常的活動、享樂或心願的達成。它是從內在湧現，它是來自你的態度和意圖。你不只要對正在經歷的一切保持覺察，你還必須重視它們。

記得，**選擇**的力量使你主導你的人生態度——不論是否和當下有關。如果你發現自己對未來感到恐懼，請肯定的對自己說：**我能放下，我選擇用信任取代恐懼**。如果你正緬懷過去，你也一樣要放下，並在當下這刻取回你的力量。活在當下是信任的終極表現；在此時此刻找到喜悅便是通往未來無盡喜悅的神聖泉源。

事實上，不珍惜當下到頭來只會破壞未來。不要把人生浪費在等待的遊戲，想著不久的將來就會幸福，卻輕忽了此刻就能選擇幸福的機會。現在就取回你對意圖和態度的控制權，並且享受當下。讓**珍惜**與**感恩**成為你的心思和生活的核心。不要延擱你的心靈獲得平靜的可能，哪怕只是一秒鐘。

成功日誌

在日誌裡回答左列問題，學習掌握當下的能量。經常作這個練習，尤其在你覺得事情要失控時。

- 我最近創造了哪類能量？
- 我現在有什麼想法和情緒？

- 我傾向於認知當下活動的價值，還是把它們視為負擔？
- 這會創造出怎樣的能量後果？
- 我能用什麼結論幫助自己以不同的眼光看待事情，並改變我此刻的心態和情緒？
- 我現在可以怎麼肯定或感謝自己（或曾有的經驗）？

你願意盡一切努力，讓自己在今天就體驗真實的感謝與幸福，停止延後你人生的開始嗎？你可能不知道，但這個時候——**現在**——**就是你人生最偉大的時刻**。

現在是機會和創造的時刻，是所有未來幸福的能量種子。你無法回到過去，讓事情在過去發生，你也不能跳到未來，先在未來採取行動。事實上，確保未來幸福的最理想方法，就是現在就感受你要的幸福。

當你運用當下這刻去改變你的意識、能量、意圖、行動與心態，你就是在盡一切力量創造一個燦爛的明天。自我的力量就存在於這些最簡單的時刻——每一個當下都在定義「你」。你必須問自己，**我現在選擇什麼？……現在呢？**

當下就是完美——也是唯一——主導你的人生的時刻。不要欺騙自己；你絕對可以決定你的人生。你已經擁有這個力量，因此，把當下這個禮物送給自己吧！

自我肯定語：一個有力的當下

- 我會花時間去看見當下的真正價值，並體會每個當下的行動所帶來的機會。
- 這一刻創造了我的人生的能量動力。我選擇讓每一刻都有意義，讓每一刻都是重要的。
- 我現在就在生命裡尋找喜悅，並在我所做的每件事上創造喜悅。
- 這是嶄新的一天——一個嶄新的機會。我現在就採取全新的態度。
- 我享受當下並信任未來。我把人生視為我每天創造的冒險旅程。
- 我放下擔憂未來或是活在過去的需求，從現在起，我只專注在每個「當下」。

第十八章

感恩的能量

成功的第五個吸引能量

「心智的固有法則，就是無論我們讚賞什麼，我們就增加什麼。整個創造會回應讚賞和感謝。」

——費爾摩（Charles Fillmore，1854—1948）*基督教合一派創始人

第五個充滿力量的磁力能量是你個人能量場最具價值的振動之一：感恩。它是帶著感謝的意圖生活，它是有意識的認知到我們內在和週遭事物的價值，它是願意注意到我們已擁有的一切美好事物，並且用此態度去體驗人生的渴望。

要真正創造出這種振動，你在日常生活的每個當下，就要能保持覺察和感恩，也就是你平日的生活必須能和當下覺察與感恩的頻率共振。這可不是理想化的夢想；這在能量上是必要的，因為真正的喜悅來自感恩。

事實是，沒有感恩，你就無法體驗喜悅。想想那些你覺得開心的時光；回憶你在哪裡，在做什麼，和哪些人在一起。讓自己沉浸在那些美妙時刻，讓微笑浮現嘴角，感覺內心的愉悅。當你

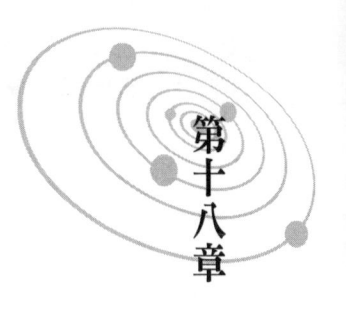

憶起這些片段，問問自己，「在每個歡樂美好的時刻，我感謝的是什麼？」

> 無論你是否意會到，每當你感覺幸福，你其實是處於感恩的狀態。不論是什麼讓你感到興奮，這個感覺代表你對某件事的感謝。你越是感受到這樣的共鳴，你越能創造幸福的生活；而根據磁性法則，你的感激能量將會吸引更多讓你感謝的人事物來到你的生命。

這樣的體認能帶給我們真正的力量和自由，因為你不必再等待某個遙遠未來的模糊幸福。你不必仰賴像是更多的金錢、新的戀情、大一點的房子，或是好一點的工作才能體驗幸福的狀態。你現在就能選擇感恩。而當你決定真實的感受它時，你將把無上喜悅帶到你每天的生活。

認知這點對你的能量和意識製造非常關鍵。也許你之所以追求你的目標是因為你認為它們會讓你在未來快樂，但是抱持這樣的心態，你的現在就不可能是快樂的。

當你透過真誠感謝的眼光來看待每件事的時候，你不只創造出你現在所尋求的，你也為未來吸引更多令人愉悅開心的結果。

你來自哪種狀態？

當我們檢視自己的情緒生活時，你會發現我們傾向在不同的狀態裡打轉：一天開心，隔天難過；這一刻興奮，下一刻煩憂。我們的情緒輕易被外在環境左右，而且大多數人對負面的影響力比正面更敏感。我們常容易感到害怕，有時連芝麻小事都能困擾我們。但在這些情緒變化的底下，究竟是些什麼？

如你已了解的，在每個幸福情緒下是感恩的心智狀態，而在絕大多數負面情緒底下的是某種不滿足。

以下哪些是你最常有的心態？你經常有意識的想要享受當下，並且認知到自己所擁有的？還是你總看到生活裡的欠缺？倘若是後者，你必須知道你的心態會影響你的意識和能量，而且它只會延續你早已感受到的沮喪低落。

有些人一直活在不滿足的狀態。他們滿腹牢騷地過日子，抱怨這裡不對那裡不對，老是注意自己缺了什麼，彷彿沒什麼事能讓他們開心。不幸的是，他們的能量讓這個悲哀的事實成真。宇宙法則對此沒有轉圜：**你所專注的事物會擴展**。而如果你持續注意你的不足，你人生所缺乏的就會越來越多。

選擇專注在自己的欠缺，就等於選擇執著在問題而非解答。這會使你無法建立成功的意識，因為你是透過被剝奪的認知濾鏡來看待一切。只要想想你的意識PIE：第一個是認知。認同欠缺會製造出與絕望情緒相符的神經胜肽，產生不斷增加的負面意識產物的循環。

下一個是心像/想像。欠缺的圖像是空洞的，這個黑暗虛無的影像使你變得更渴求、迫切和恐懼，它會產生矛盾意圖法則裡所闡述的阻力。

至於最後一部份，預期，當你以匱乏和不足的感受來看待每件事時，你有必要好好檢視你的期望品質。如果你體驗到欠缺，那是因為它就是你的預期——也因此當然是你得到的。

有些人會透過特定問題來看待生活中的不滿。譬如說，我有許多客戶對自己的體重不曾滿意。其中一位對我透露，她生命裡的一切——每個經驗、每段關係和努力的事——都是透過這個問題被詮釋。四十歲的她說，「我記得我有過很棒的假期，但我從不容許自己開心享受，因為我覺得自己穿泳裝的樣子很嚇人。」

她哀嘆自己因為憂慮外在所失去的樂趣和美好時光。她認為自己因為不滿意體重而虛耗了大半的人生。雖然她現在比以前老，也比以前胖，但她發誓再也不要因為體重這個問題而防礙自己體驗生命裡的真實幸福。

有趣的是，在她有意識並持續改變心理的焦點後，她開始比以前更容易減重。**矛盾意圖法則**對她來說真實無比：當她不再執著於體重，她就能開心且輕鬆地減重。雖然她沒有變得像她渴望的一樣「骨感」，但她終於發現自己體驗到以往因對外觀不滿而不允許自己感受到的快樂。

對其他客戶來說，焦點則是在「金錢」和「獲取」上。他們好似賺多少錢都不夠。他們可能開著好車，卻覺得車子不夠炫；他們可能住在很不錯的房子，卻嫌不夠大。然而，直到他們決定對所擁有的事物感到滿足之前，他們永遠不會吸引到能讓他們真正快樂的「足夠」東西。

不幸的是，許多人會膨脹自己的需求：他們得到了想要的，卻又渴望更多。就像我們已經是個富裕的社會，但財富的增加並沒有因此使我們更感恩，反倒延續了我們對物質的渴求。我們不滿足的程度和我們獲取物質的程度正好成正比增加。

這個體認在我前往俄羅斯領養兩個孩子時格外清楚。俄羅斯有很高的感恩度，只因為他們物質品的擁有度很低。兩或三個家庭共用一間小公寓在那裡是很平常的事。他們沒有多餘空間和金錢可以購買或囤積一大堆物品，因此他們對於擁有的稀少物件心存感激，像是網球鞋和牛仔褲之類的，對他們來說就是很寶貴的物品了。

當聖彼得堡的領養仲介來美國訪視時，她對於這裡的每樣東西——房子、車子、衣櫃的大小和人們衣服的數量——感到驚訝。我們外出用餐時，她對食物的份量尤其訝異。有一回她告訴我，在我們一般餐廳點的一人份，就足夠他們一家三口吃一頓晚餐。

無法滿足？

這種擁有越多卻感恩越少的現象是怎麼回事？在我們這個美好富足的社會，過多五花八門的東西反而麻痺了我們對生命裡真正有價值的事物的體會，結果我們變得要用更多的需求來獲得刺激。這就像每天吃藥一樣，最後你的容忍值升高，你需要更多藥物才能產生所需的效果。但這不是我們之所以渴求的唯一原因。

有些人不由自主地執迷於自己欠缺的東西，因為他們相信負面專注會促使自己找出解決方法。而我們也總是在思考、分析、判斷某件事或某個人是否有足夠的價值或重要性。

但這種基於評斷而非觀察的選擇會產生嚴苛尖銳的能量，這種負面能量令我們不滿足，甚至心煩、激動和憤怒。這都是心智與心靈的分裂所致。

分析和判斷是心智的功能，心智指派價值，而心靈則是單純地體驗。前者尋找問題，後者看見解答。事實上，當我們檢視自己不滿足的狀態，我們會發現**我們**正是自己幸福的最大阻礙。因為不論外在世界發生什麼，是我們內心進行的思緒——我們腦裡所想，我們所尋求和努力的——造成我們最大的痛苦。

這麼說可能看來有點簡化問題，但是，假使我們就這麼停止分析和憂慮——如果我們就純粹停止「不滿足」，又會如何？

這會把我們對競爭的需求轉化為慈悲，將我們對獲取物質的執迷轉化為對當下的感恩。我們的能量——和我們與宇宙的連結——將從不安的抗拒轉移為欣然的接納。

從心生活的意識是創造驚人命運的關鍵。我們可以運用放下的力量釋放不滿足，並且善用選擇的力量培養感恩的心。從生活裡，從內心深處，尋找可以感謝的事。

隨著練習持續和有意識的感恩，你不只會從每天的生活看到戲劇性的美好變化，你未來的人生也會有巨大的改變。

成功日誌

為了加速這個過程的進展，我建議你有一本記載感恩事項的日誌。你可以用另一本記錄，也可以寫在你的成功日誌裡。

每晚上床前，摘記幾件當天你覺得感謝的事。除了必須感激的大事外，也要留意生活裡的所有小禮物，像是春天紫丁香的氣味、夏日早晨的鳥鳴聲，或月光下剛飄落的雪花。

這不光是勸你要「聞聞玫瑰花香」的老生常談，這些也是你的意識和能量創造的一部分，而你願意感謝並因這些簡單事物感到開心的意願，將吸引豐盛喜悅來到你的生活。

不要將感恩只侷限在外在世界。每天寫下一些感謝和珍視自己的地方。這個作法會擴展你的自信能量，並讓你知道自己是值得鼓勵的。此外，它也創造出自我尊重的共鳴，一種會從別人那裡吸引來尊重與感謝的振動。

從感恩日誌找出一些你最喜歡的事，把它們列成清單，在你低落，需要提振精神，或腦袋感到困惑，需要讓意識回歸心靈時，讀讀這份清單是不錯的點子。

人生有太多事可以感恩，不論是美麗的、令人欣慰的、興奮的，或讓人感動的。只是當我們迷失在日常生活的壓力時，我們變得只專注在負面事物，忘了有這麼多值得感謝的事——而這也就是這個清單發揮效用的時候了。用它來提醒自己，你擁有這麼多值得感恩的一切。

我經常回顧自己的感謝清單。每當事情讓人喘不過氣，我就會看看清單，提醒自己在生命中有過的所有美好事物。它們有些是和我的孩子和姪子有關的有趣小故事，有些則是遠遊、滑雪、健行和急流泛舟時的美麗回憶。

我記得有一回我跟一位非常憂鬱的客戶有些狀況。我們的糾纏狀態——或說連結的能量——很令我沮喪，我知道我必須釋放那個能量的影響力，轉移到一個以心為中心的意識。我拿出我的感恩清單，才剛瞄過內容，我就開心不少。但我仍繼續尋找某個特定事情，好再拉自己一把。

我找到了姪子三歲時的一個小故事。

有一天我去看他，他正在小工作檯上玩著他的玩具工具。我問，「你今天是建築工人嗎？」他說，「對。」接著又自顧自地繼續玩了一會兒。沒多久，他丟下他的小玩具榔頭，朝著我跑來。他跳到我的大腿，給了我一個大大的擁抱，然後大聲說，「我愛你超過我所有的工具！」

重讀這段趣事讓我笑了出來，它完全轉移了我對那位近乎捉狂狀態客戶的擔憂，我的心中頓時充滿了幸福感受。這事做起來毫不費力，但它帶來的效果，所產生的情緒和能量的立即變化卻相當驚人。

你也可以運用我稱為「停止、放下和接受」的技巧來精調你的感恩能力。每當你感覺低落，先**停止**你正在做的事。花些時間覺察你當下的思緒，然後把負面想法**放下**——無論它是憂慮、評斷或某種不滿足，你都對自己說，「我可以放下它。」然後，放下就是了！接著——不論你在哪裡或正做什麼——立刻**接受**感恩的態度。從你當下所處的環境，找出某件可以感謝的事。

如果你在當下找不到任何事，就想想清單裡的正面回憶，如果你需要更多幫助，你可以進行接下來的方法，轉換到平靜的心態。你越常練習就越容易達到驚人的能量轉換——即使是在特別困難的時期。

轉換到平靜的狀態

當你發現自己對某事感到煩憂，不滿或被激怒時，運用**選擇**的力量將你的覺知從頭腦的焦慮轉換到心靈的平靜。

先作個深呼吸，閉上雙眼，然後放鬆肌肉。觀想你的問題浮升，如同地平線上的雲朵漸漸飄離消逝。

再作個深呼吸，吸氣時，感覺你的心智能量慢慢平靜了下來；感到你的覺察力緩緩降至你的心。

保持放鬆，繼續放下所有的憂慮，將意識專注在你的心。

接著，當你持續放鬆時，想些會讓你開心，一些你覺得感謝的事。不論是個美好回憶、一個你愛的人，或是曾經到訪的美麗地方。

現在就開始想像這個畫面。觀想所有的細節，然後將自己置身在這幅圖像的中央。接著將圖像靠近自己，讓它鮮明生動，也讓自己完全沉浸在那愉快的情境裡。

感受那份喜悅，看到自己微笑。你是如此放鬆、快樂和平靜。

這就是感恩的狀態，一種充滿感謝和接納的溫暖感受。保持這個感覺，並瞭解感恩的終極形式就是愛自己的生命。當回到平日的活動，選擇在所做的每件事裡發現喜悅和平靜。

開心的感恩是如此重要，再怎麼強調也不為過。它會釋放內心的爭鬥與掙扎，帶來寧靜沉著，讓你對自己擁有的事物感到欣喜——這會因此打開你的心，接納更多的美好。每當你投入在這樣的共鳴，你就創造出高度吸引力的振動和有力的創造意識。和榮耀自我一樣，感恩是你所能做的最能改變人生的事情之一！

我常常告訴我的客戶，感恩這個字的意義不只一個。當然，你在這章學到的是「對某事感謝」，但是，當我們談到商品，例如房地產時，這個字意味著「增值」——這也絕對是能量的事實。當你選擇感激和欣賞你的人生，它就會具有更大的價值。當你能真正覺察每天的生活品質，你就為你的生活帶來更多珍貴事物。而選擇在當下這刻就體驗喜悅，也意味著你雀躍歡喜的能量將為你在未來吸引更多值得享受的一切。

自我肯定語：無盡的感恩

- 我擁有這麼多值得感謝的事！我環顧身邊一切，感到無比滿足。
- 我的生活充滿歡喜的感恩。當我欣賞和感謝自己的人生，我便吸引更多值得感恩的事。
- 我一天比一天更珍惜自己和人生。我值得自己的感謝。
- 我永遠對自己的幸福負責。我每天都發現許多令人快樂的美好事物。
- 我選擇更專注在感恩和自我認可上。我越來越能意識到自己所擁有的值得感謝的一切，我每天都認知到我的幸福並且感恩。

第四部

通往成功的四個步驟

宇宙的吸引力法則在你生命裡有非常真實的影響，但你需要專注的不只是能量和意識層面的創造，如果你想實現渴望的目標，你就必須認真規劃並切實行動。對許多人來說，這是整個過程中最受重視，卻又最常被誤解的部份。規劃與實行是追尋成功的技術面，除了需要堅定的誠實和自我覺察外，還要有清楚明確的意圖。

這個過程要求你抱持客觀的態度；你必須能夠對你想擁有的結果和需要付出的努力做清楚的思考。雖然你可以透過許多方法來加速進展並提升成效，為了抵達成功之路的終點，這裡有四個你絕對要執行的步驟。這些步驟和你的計劃、準備與承諾有關；它們是通往成功的基礎，少了它們就無法獲得真正的成就。

要實現你的追尋，你的目標就必須被融入你每天的生活。它必須成為你的目的和優先事項，一個不斷驅策你向前，永不消褪的熱情。

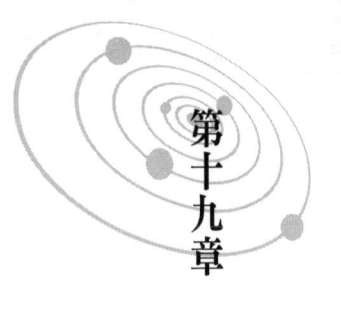

第十九章

堅守目標

通往成功的第一步

「要達到成功，最重要的無非是對目標一心一意的追求。」

——史密斯（Fred Smith）* 聯邦快遞創辦人

要想成功，你必須讓它成為你生活的一部份。光是把目標幻想成某個遙遠夢想——一個你可能在未來某天實現的事——是不夠的。如果你的計劃是取得成功，你必須有意識有覺知地做出承諾。若沒有付出足夠的**關注**，你對成功的**意圖**會是空泛不實。在這樣的狀態下，意識的力量就不足以使夢想成為事實。

如果你想在生命裡創造出具體的事物，它首先要在你的意識生根——這是顯化法則的必要條件。你深思熟慮的慎重意圖是你和宇宙創造能量的連結，因此我們說意圖是使思想變成實相的管道。如果你無法持續且堅定的專注在目標上，那麼你的意圖會徘徊遊走於各種各樣的方向，這將使你難以實現你最想達成的渴望。

為了使顯化成真，高度集中的創造意識必須有下列三個條件：

1. **鮮明的影像和你對所渴望結果的情緒體驗。**你必須能清楚看到結果，你也必須要能把自己明確地放在那個影像/情境裡，體驗所有伴隨的開心感受。
2. **對追求目標所需的特定程序有清楚瞭解。**你需要確切知道要達成結果所該做的事。
3. **願意對過程和目標全心投入——不論是就時間、心力、專注度和優先順序而言。**這種投入的承諾是決心把夢想優先於習性、消遣、娛樂、恐懼、上癮行為，以及甚至能帶給你立即滿足的事物上。

我們很容易因為每天的必要事項和自己的習慣嗜好分心。事實上，生活中的任何例行事項都能變得制式。舉凡我們起床的時間、吃的早餐，到我們下班後及休閒時間的安排等等。最後，這些模式開始掌管我們的生活，許多事情變得如此根深柢固，我們依照既定的模式行動，甚至不再思考。

我們因此輕易受限在固定的行事，如果一開始我們的目標沒有包括在這些例行事項裡，那要把目標再加進去可能不是那麼容易。就算我們有許多閒暇也是如此，因為我們已經習慣了這個模式。我們認為要這樣才能生活，但實際上，我們可能是藉此逃避達成目標和渴望所需付出的努力。

舉例來說，我有位友人想開始他個人的諮商事業。他在工作上有很大的壓力，但他並不想在新事業還沒運作前就辭職。他向來有下班後先到酒吧喝上幾杯啤酒，然後買外賣回家，配著電視節目吃飯，最後在沙發上睡著的習慣。

由於他一個人住，這從來不是問題——直到他想在事業更上層樓。他知道自己應該要利用傍晚空閒的時間為新公司的設立擬定計劃，但他太固守於每天下班後的活動模式，他就是沒辦法起步。他一直告訴自己，「我明天就進行」，但每個新的一天到頭來總一個樣。

當他來找我討論時，我要他探究什麼是對他真正重要的事，並要他仔細列出針對目標採取行動的理由。我們也訂了一個協助他漸漸走出固定模式的進度表。他從不去酒吧開始，然後利用這段原先的啤酒時間著手他的計劃。

慢慢地，他對計劃越來越熱衷，也自然而然的花更多時間在目標上。他允許自己一個禮拜有一天可以照往常的慣例去酒館喝上兩杯，但漸漸地，他連去都不想了。他開創了自己的事業，而且他現在很喜歡自己做的事。他的事業非常成功——但這一切都要他先放棄根深蒂固的習性才能辦到。

我們經常把習慣和上癮行為當成逃避的工具。不論是因為無聊、壓力、氣憤或沮喪，我們用吃用喝，或是看電視讓自己遠離低落的心情，也逃避內心的想法。一段時日後，這些暫時提供滿足並讓我們分心的活動變成非常固定的模式。我們可能在電視機前吃飯，在下班後來上兩杯，或在車子裡抽菸，這樣日復一日年復一年，直到習性本身變成了延續這些行為的動機。

我有位朋友原本偶爾會在睡前享受一大碗冰淇淋，幾年下來，這變成他每晚的習慣。他付出的代價是時間上的浪費和增加的三十磅體重。人們往往深陷在日常模式，如果必須改變，他們會覺得不舒服，甚至十分焦慮。他們不能控制自己的人生，因為他們被習性宰制，也因此產生對成功有害的遲滯能量和意識。

我們之所以掉入這個陷阱是因為我們並不知道每天有意識的做出選擇對人生會有多真實的影響。要陷入窠臼很容易，要脫離卻很困難——尤其和我們的習性和弱點有關時。但請記得，我們確實有選擇的力量。每一天的每一個時刻，我們都有絕對的力量做出決定。

我曾聽過阿拉斯加北部一個偏遠小鎮的故事。那裡一年中有九個月都是冬天，僅有的三個月夏日又非常多雨。這個小村落透過一條泥土路和另一個偏僻村莊相連，每到夏天這條路就變得泥濘滿地。到了冬天，結了冰的車轍路徑又讓行駛變得異常困難。為了警告那些前往這條結冰道路的車輛，有這麼一個標語寫著：「小心你選擇的車轍；要不下個四十哩你都會困在裡頭。」

如果也有人能對我們陷入的窠臼事先提出警示，豈不是很棒！「小心你選擇的習性；下個四十年你都會困在裡頭。」

繼續你現在做的事，讓你慣有的行為引領你度過一生是很容易的。但是，讓自己被困在舊有模式對你的能量會造成嚴重影響——如果你不放下這些習性並選擇堅定實踐你的目標，你終會付出代價。

追求一個重要目標常需付出許多努力，而要達到成功，所需付出的就更多。成功需要更多時間，更專注的焦點，還有以目標為優先的強烈渴望。你必須有意識的運用選擇的力量，並讓你的目標成為你每天的例行事項。如此，你所採取的行動，你所設定的優先順序就會成為你的生活和本能。這就是投入的真義。

不論你的目標是減重，畫一幅曠世巨作，擁有自己的事業，或成為百萬富翁，如果你不有意識地承諾要把它視為生活中的優先事項，這個目標就永遠不會實現。是誠實看待自己的目標與付出的時候了。你的目標真的是你生命裡持續的優先事項嗎？如果不是，你願意付出時間和努力，並做出必要的犧牲嗎？

成功日誌

你決心要成功嗎？回答下列問題，看看你是否有實現的條件（這意謂對目標的真正投入）。在日誌裡寫下回答，並且定期評估，檢視自己是否仍在軌道上。

1. 要如何讓自己持續努力於實現目標？你必須固定做些什麼？

2. 為了忠於夢想的實現，你可能必須放棄什麼——或至少在哪方面做改變？列出會妨礙你成就的習性，並說明你需要採取什麼行動來改變它們。

3. 你如何將這個優先事項與生活中的其他重要事物取得平衡？將所有重要事項在時間上做安排和規劃。

你對目標的承諾其實就是你對自己和你的未來的承諾。輕忽你生命中的這個重要部份會產生嚴重的能量後果，因為在本質上，你是在傳播成功對你並不重要的訊息。宇宙會接收這個訊息並據此回應。但如果你選擇把目標當作生活中的優先事項並讓自己對它最終的實現感到興奮，你的熱情將會聚集你身邊的支持力道。因此，在這路上的每一步都要堅持你對目標的承諾。

自我肯定語：對目標的承諾

- 我想要成功。我的目標是我每天的優先事項。
- 我的目標已在能量界形成。我清楚的看到它，此刻它就是我的意識創造的一部份。
- 我願意投入在實現目標所需的過程，我願意付出時間和努力。
- 我在生活裡創造平衡。我開心的把跟實現目標有關的行動放在每天的例行事項裡。
- 我愉快的追求目標的實現——不論需要多久時間完成。

第二十章

擬定一個循序漸進的計劃

通往成功的第二步

「要實現夢想，你必須每天都付諸行動。只有透過一次次微小且重複的步驟，才能達到成功——一次一個步驟，天天行動。」

——夏朗安克林勒（Sharon Anne Klingler）* 作家

設立一個明確計劃是實現目標的過程中再清楚不過的部分，然而，卻有比超過我們想像還多的人把這個非常重要的步驟交給運氣。這些人可能對如何朝目標邁進有些模糊概念，但也就僅止於此。這種不明確或漫不經心的態度只會助長拖延和「到時候再說」的想法，而這兩者都會拖累你的進程——甚或完全封鎖你渴望的結果。

一個明確的行動計畫會推動你向前，提供你方針，並建立你意識能量的焦點。

根據顯化法則，一切事物都先存在於意識，因此，如果你希望夢想中的細節出現在真實的生活，你就必須將它們牢固地建立在你的意識活動裡。

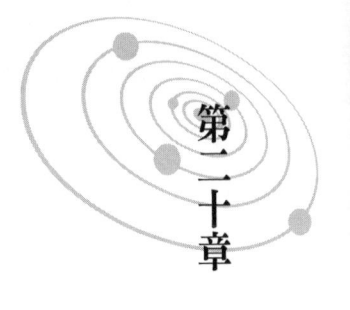

你的行動計劃是通往你渴望的目的地的心智地圖，遵循這個行動計劃，你就會一步步邁向成功。

我以前有位叫羅格珊的客戶，她覺得她的秘書工作很無趣。羅格珊很有藝術天份，但她對於要如何發揮自己的藝術才華並沒有想法，因此她利用閒暇嘗試各類不同活動。她會專注在寫作一個星期，然後投入繪畫一個星期。她也試過製作首飾、捏陶和攝影。

羅格珊很清楚自己想辭去祕書的工作，但她有太多可能的選項。她發現自己對每種嘗試都很得心應手，但這只是讓她更加困惑。她的能量因為過於分散而無法規劃什麼具體結論，因此我們一起探討她的工作選項。

我們先從決定她最喜歡做的事開始——首飾製作，接著規劃一個能幫助她專注在這項活動的明確目標和計劃。她報名了幾個月後會在她家附近舉行的手工藝展，因此她知道自己必須要製作些產品才行。她對此感到很興奮，開始利用傍晚和周末的時間創作美麗的首飾。

她不落俗套的設計相當受到歡迎，她也繼續參加更多的展示會。一段時間之後，製作首飾所賺的錢已經跟她秘書的薪水一樣多，她順利轉行，開始全職的藝術工作。

羅格珊當時需要的是客觀檢視她的事業選項。她必須駕馭分散的能量，然後規劃出一個可以據以行動的計劃。一旦做到，她就變得很有動力，積極且專注，而她想貫徹目標的意圖也帶給她想要的結果。不論是要創業或規劃一場宴會，一個能夠執行的方案絕對是你通往成功的跳板。

以下的基本考量可以協助你訂定計劃並建立一個清晰有意識的意圖。

1. **知道你的目標**。

如果你不知道要去的目的地，就算手上有地圖也無濟於事；如果你對渴望的目標沒有清楚的想法，你永遠也無法朝成功的方向前進。你必須要先好好想想你要什麼，又該如何完成。

寫下所有的選項會有幫助，在思考這些選擇時，運用你的直覺和常識。確定你要的是什麼，並且考量自己的天份和生活形態。讓自己清楚看到所渴望結果的一切細節。若沒有一個特定目標，你永遠也無法規劃出切實可行的計劃。

記得，要選一條能夠點燃你的熱情的路。你越喜歡所做的事，你的能量越能跟宇宙法則的力量一致。這是同步性的燈竿，是意圖與實相相遇的神奇之處。宇宙會支持你的選擇，它會支持你追求一個能榮耀你，並反映你衷心渴望的目標。

2. **找出要達成目標所須做的事**。

在規劃過程中，你會需要花些時間研究。你可能對於抵達目的地所必要的基礎有大略想法，但要確定你找到能整合到計劃裡的細部資訊。

你可以和所選定領域裡的人士談談，如果可能，試著找到一個願意指導你並能持續提供你合理建議的導師。

多多搜集資料並進行研究。譬如說，如果你想成為一個律師或外科醫生或心理諮商師，你就必須先知道你需要什麼學位，以及哪些學校提供這類課程。你也必須瞭解進入那些學校的條件，還有所需的費用。如果你想開店，你需要決定要賣什麼商品，並且找到要從哪裡拿到批發價。你也應該瞭解可能的店面地點、研究零售史和那個地區的消費模式。

每個目標都需要一些事前的準備工作，不論是跟技術、經驗或創業基金有關。現在就著手找出相關資料，日後進行時才不會有太多意外。

3. **擬定一個詳細的行動計劃。**

一旦找出實現夢想所需的條件，你必須將所有步驟整合成一個合理的行動計劃。先擬定一個大略的時間表，包括你想要的長期、短期結果，還有需要立即完成的當前目標。你的長期目標是你努力的終極成果。短期目標是使你抵達終點的重要步驟，而當前的任務則表示你需要每天進行，好繼續向前邁進的行動。

舉例來說，當我在寫書時，我渴望的結果是著作完成且經過編輯後的版本。我的長期目標是草稿，短期來看，我需要完成各個章節，而我當前的目標就是不斷的寫、寫、寫。當我有截稿壓力時，我甚至會試著算出每天要寫多少字方能如期交稿。

在建立時間表的時候，你必須實際。事情可能比你認為的需要更多時間，也有可能進行得較迅速，但有些行動是在每個階段都必須切實執行的。將那些特定事項寫下來，讓它們成為你每天的目標。

一個有結構的計劃會使你集中注意力，不致分心渙散，並幫助你的行動與意圖一致——這是通往成功的下一個必要步驟。

自我肯定語：有效益的計劃

- 我願意為達成渴望的目標奠立基礎——不論那會是多大工程。
- 我知道我的目標，我也知道我能創造一個每天可以執行的切實計劃。
- 我設定我的長期、短期和當下的目標。我專注於目標卻也能變通。
- 我具有創意和彈性。我對宇宙提供的所有選項和富足開放。
- 宇宙支持我的計劃和我想成功的意圖。

第二十一章

每天都採取行動

通往成功的第三個步驟

「我們的每個行動都在對我們的目標說話。」

——巴斯卡力（Leo Buscaglia）*美知名作家、教育家和演說家

一個沒有行動的計劃只是愚者的白日夢。

行動是真正工作的開始，你在這個階段所創造的正面能量會是你實現渴望的最大推動器。不論你目前是在旅程的哪個階段，不管是在剛開始或已接近終點，總會有些你可以在今天朝目標進一步邁進所能採取的行動。

這也表示你必須做好準備，積極投入過程中的每個部份。

你願意全力以赴嗎？你對於不論是創意、業務、管理、行政，還是枯燥乏味的單調工作，或任何你的目標要求你去做的事下了承諾嗎？如果你不捲起袖子進行，你就是不願意看到成功。

這是為什麼把你的目標徹底想過一遍如此重要。有些人在有了方向後表現得很棒，但他們無

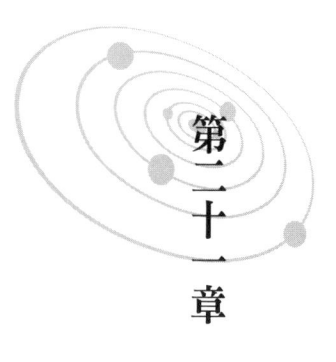

法自我激勵。有些人是傑出的創作者，但行銷卻很糟糕——尤其要自我推銷時。也有很多人是有力的發起者，可惜缺少後續的行動來完成計劃。你的目標在每個階段都要求你**行動**。你可能可以把部份交給別人執行，但最終是**你**要為實現自己的夢想負責。

我有一次看到長青暢銷小說家考琳斯（Jackie Collins）的訪談。採訪者問她對於那些說「寫羅曼史小說太容易了！誰都寫得出來。」的人的反應。她回答，「隨他們去。」

要評論某事簡單輕而易舉，只要你不是做事的那個人；困難之處在於採取行動並把事情完成。你可以對你所能做的，或想做的事高談闊論——但直到你確實去做之前，一切都只是大話罷了。

所以，停止空談你的計劃，開始進行持續的必要行動，讓你的目標成為事實。為了優先把時間與努力投入在你的目標，它必須對你是重要的——至少要能和其它佔去你生活的事情一樣重要。

人們通常會把重要性和立即性混淆。他們認為如果某件事需要馬上完成，它一定比那些可以延緩的事情還要緊。手上有許多要完成的工作（甚至日常的家務瑣事）能讓我們有即刻，甚至緊急的感覺——這樣的感覺卻不幸地會被誤解。洗衣服和洗碗都是要做的事，但它們真的比朝你的目標努力更重要嗎？

如果你讓生活裡的種種小事變成你的優先事項，你永遠騰不出足夠時間去持續做那些對你來說真正重要的事。你可以從早到晚忙著處理例行事務，卻不曾想到你的目標。而當你的時間被數不清的娛樂分心，被麻木心智的嗜好佔滿時，你就會完全忘記或忽略了你的夢想。

牢記這條宇宙法則：今天的行動（或不行動）都是能量的因。

由於每個努力都會在能量場擴展你的意圖，對目標的不行動應該被視為時間的浪費。

你所做的一切散播你的振動並聚焦你的意識創造，因此，現在就做些不一樣的事，一些有意義的事。

是時候在你的生活中創造平衡並建立一個能夠反映對你真正重要事物的優先順序了。如果你的夢想值得達成，那它就值得你每天都採取行動！即使你有個看來遙不可及的長期目標，也不要拖延你的準備工作。今天就做些事。就算你覺得自己已經完成許多進度，也不要停止。仍然會有能夠推動你更接近目標的行動。

有關行動的小提示

經常回顧以下的提醒，直到你達到想要的最終結果。

- **清楚定義計劃裡每個步驟所需的行動。**

  在長期時間表的框架下，針對每個當下和短期目標擬定明確的意圖。

- **寫下你希望夢想成真的所有原因。**
實現夢想會為你的生活帶來哪些美好事物？把它們寫下來。當你發現你對自己必須做的事欠缺興奮的動力時，讀一讀你寫的原因。它會喚起嶄新的能量並更新你的決心。

- **在每天的行程中建立起某個行動的習慣。**
如果可以，試著訂在每天的同一個時間，你知道那時候的你可以全心專注在目標上。同時也留意你的個人能量模式。如果你知道你的能量在下午或晚上較弱，就不要將最重要的事排在那時候進行。

- **一周至少檢視一次每日行動計劃。**
當你完成每項工作時，重新評估行動計劃。要有彈性。如有需要，給自己多些時間，但你若比預期早完成設定的短期目標，就接下去執行清單上的下個事項。

- **設一個優先事項清單。**
把清單帶在身上，如果有什麼新的想法，隨時加上去。在每個完成的項目旁打勾。

- **遇到障礙或讓人分心的事時，重讀你所有的個人意圖。**
記得你在日誌最前頭寫的成功意圖嗎？當你需要重新振作或重燃動機時，翻到那一頁。如果你還沒有寫，現在寫下來。它們會幫助你集中意識在你的長期目標上。

- **每天早晨花些時間觀想今天的行動。**
仔細想像你在什麼時候、在哪裡做你需要做的事，並且看到自己是開心愉快的進行。在一天結束時，觀想某件未來活動有個開心的結果。

- **重複想像你渴望的結果，讓那個影像激勵你採取更多的行動，創造更令人開心的意圖。**
讓你的目標成為你生活的重心。感覺它，渴望它，為它感到興奮。現在就肯定你正在吸引你想要的結果。這會使你的行動和宇宙意圖的動力校準，加速你實現成功的速度。

自我肯定語：成功的行動

- 今天的行動創造出明天的結果。我選擇現在就採取行動。
- 我願意盡一切力量完成我的目標。
- 我的目標重要到每一天都要行動。行動使我的渴望成為事實。
- 每天早晨，我觀想今天要做的事。我清楚的看到並把這些行動視為最優先。

第二十二章

持續行動而不執著於結果

通往成功的第四個步驟

「放下你對已知的執著。踏入未知，你就踏入了一切可能性的領域。」

——狄帕克・喬普拉（Deepak Chopra）*作者

對一些人來說，這是最難理解的步驟，因為他們對目標非常執著。他們常認為執著促使他們堅持，而他們也害怕放手會導致他們放棄，但事實卻正好相反。你越是對目標渴求，你就會越迫切，而你的迫切會使你悲慘，它會破壞你的成功並扼殺你堅持的動機。

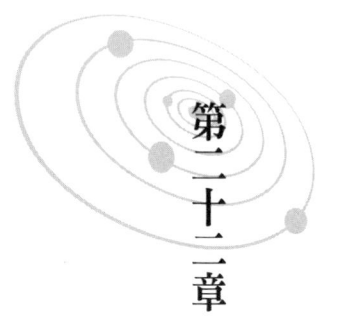

你持續不懈的行動乃是始於你的態度，不是你的執念。你是有決心呢？還是迫切？決心是鎮靜且持續行動的態度；它允許你集中一切努力成為有創意的效率，而非製造不安的情緒。這種共振是專注、確定和聚焦的——而這樣的共振會製造出你期望的結果。

反之，迫切將你從專注的行動推往情緒化的反應。它導致你游走於恐懼和憂慮之間，這是一種會封鎖行動和創意的意識。這個無止盡的不安和煩亂會消耗你的能量，使你付出更多努力。而當你投射一個絕望的振動進入能量界域時，它也只會創造出那樣的實相。因此，就算再困難，你都必須放下絕望迫切的感受。

像是「我沒有它就不會快樂」或「不那樣我就不算成功」的想法，只會讓你覺得悲哀，同時也散播渴求和需求的討厭信號。這類想法必然會毀掉你當下的能量，因為它們斷定你現在不能快樂或成功。你的渴望會被這個振動排斥，而你得到的負面結果只會使你更加絕望。你害怕自己不能快樂也因此成了你自我實現的預言。

你必須放下對成功的迫切感，並且把快樂是依附在任何外在事物成就的想法放在一邊。將目標定義為某個提升，而非完整你人生的東西，藉此釋放你的迫切。要有耐心並信任神聖的時間表。當你信任，放下執著，並選擇在每一天都創造喜悅時，你就能吸引你想要的事物。

你每天的維它命E

你的成功是一項重大承諾，因為要達成目標，你需要維持一個能加速效果並在能量低落時激勵你的高層次能量。透過每天一劑我稱為維它命E（Excitement）的興奮情緒，你就可以保持這樣的高能量。

興奮開心的態度是意圖的燃料，它有激發和鼓舞的效用，它需要每天更新。你可以用肯定語來鞏固你的信念並觀想自己已經實現目標。微笑並感覺自己充滿熱忱。這個作法可不是愚蠢的白日夢，它能夠促進大腦的化學作用並集中意識的創造。然而這樣的態度不該只限於你的目標。你必須把它應用在你每天的生活和實現目標所需的一切行動上。

我有一位老想寫出「傑出的美國小說」的朋友就有這個問題。她非常慧黠，口才便給，文筆優美。要她觀想自己是位暢銷作家，忙著出席各個談話節目讓觀眾折服於她的文學才華，這些對她一點都不難。只有一個問題：她討厭寫作。

不論她是因為缺乏自律或就是無法對寫作過程維持足夠的興趣，總之，她從沒能寫出什麼篇幅或內容。她現在還是在談她電腦裡的那本小說，但直到她能為這個過程中的每個步驟創造真正的熱忱之前，她是怎麼也無法讓那個特定夢想成真的。

對過程本身感到興奮是維持積極態度卻不執著的關鍵。你可能會對成功的影像感到興奮，但當你看到自己為達成目標而付出所需的努力，你會有同樣的喜悅嗎？

如果你觀想自己贏得馬拉松，你也能想像自己日復一日的在精疲力竭與痛苦中不斷反覆練習嗎？如果你能想像自己高升為公司副總裁，你已做好加班的準備並願意冒別人不敢冒的險嗎？如果你夢想在一齣很紅的電視節目演出，你願意去上表演課，和上百位有同樣期望，也祈求能被錄取的人一起試鏡並面對被拒絕的可能嗎？

而且，如果你確實能看到自己投身於過程中的艱辛，你還能更往前進一步，能看到自己樂在其中，不問收穫的享受這個努力付出的過程嗎？

換言之，如果到頭來並沒有名聲或財富，你還會興奮嗎？這就是純粹的渴望法則的意義。只有在你發現了過程本身的重要，你才會每天都投入你的生命能量。

想像自己開心地進行這些實現目標的行動，然後也想像快樂滿足的結果。在頭腦和心裡維持這些影像，讓它們來指引你。

放下執著並採取行動的小方法

以下這幾件事可以幫助你從絕望迫切的心態，轉換到快樂積極的追求成功。

- **關掉所有的負面思考。**
  每當你注意到自己處在不愉快的能量狀態時，改變你認知收音機的收聽電台。想像自己在思想裡按下「搜尋」的按鈕，直到找到一個和信任與決心共鳴的較高頻率的想法。釋放其他思緒，因為負面思想永遠不會產生正面的結果。
- **打斷所有的負面情緒。**
  當感覺低落時，讓自己有意識地想像一個不同的情緒。按下你情緒收音機的「搜尋」按鈕。尋找跟開心狀態連結的影像、記憶和正面期許。深呼吸，微笑，轉換你的焦點——選擇用平靜的心取代擔憂和疑慮。

- **在過程中看到價值。**

不論你在做什麼——上課或加班——絕不要將通往成功的道路視為負擔或包袱沉重的責任。要心甘情願地投入在過程本身。在達到目標所需進行的各項行動中發現樂趣和喜悅。

- **每一天都自我肯定，肯定你的未來和你的價值。**

認知自己擁有豐富的資源、知道自己擁有力量與能力，並且知道自己值得最好的。

- **在你所有的行動和所下的決定，都能維持榮譽和尊嚴。**

不論發生什麼，永遠不要忘記這個指導原則。付出尊嚴而獲取的成功並不算成就，它反而是徹底的個人失敗。

- **加強自信心。**

若你總是看輕自己，你就不可能是快樂、積極或成功的，因此請去除懷疑和自我批評的心態。相信自己，相信你有能力使自己的夢想成真——並下決心持續行動，直到實現的那天。

- **開始注意到自己在許多方面已經是成功的了。**

恭喜自己在人生所創造的價值——以及你帶給世界的禮物。將控制自己能量與意識的能力當作最重要的成功。那麼，其他成就自將一一到來。

- **學著快樂。**
自愛和樂觀是喜悅的心智基礎。如果你不容易快樂，請檢視你對自己的感覺，還有你對生命的一般看法。選擇去釋放那些會讓你痛苦的思想。

- **多開懷大笑，也多些微笑，即使在你不是很想的時候。**
每天微笑並想像你的渴望已經達成。開心的情緒和觀想，會改變你的化學、意識、能量與結果。

- **現在就當那個你想成為的人。**
如果你所有的夢想都成真了，你的感覺會是如何？你會更開心，更有趣和更有愛心嗎？現在就選擇去做那樣的人，就從今天開始。

你的個人能量點燃你的真相燈塔，全世界都會看到你的光。你內在的光的振動創造出你所發送的真實影像。如果你覺得這個光曾因失望或迫切的絕望而黯淡，現在是改變和充電的時候了。用興奮補充你的能量，用目標和果斷行動的火花充滿你的意圖。把握每一個機會，將你的電流從欠缺切換到充足，悲觀轉換到樂觀，懷疑到自我信任。

你的每個轉換頻率的決定都會創造出另一個正面推動力，並使整個世界放射出更耀眼的光束，不執著的熱忱和喜悅也將催化你的成功。當你將開心的努力和成功實現目標的畫面連結時，你的意圖會被驅動，你的能量會明亮無比，而你的行動將帶來成果。

自我肯定語：不執著的行動

- 我每天都採取冷靜而持續的行動。我保持果決、平和、有目標。
- 我釋放急迫感，我是有耐性的。我以沉著明確的態勢採取行動。
- 我以開放的心追求目標。我總是願意接受宇宙的禮物。
- 我為行動而行動。我在過程中看到目的。
- 不論結果如何，我都會很開心的努力。我活在喜悅裡。

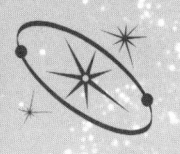

第五部

通往成功的三個無形幫手

無庸置疑，能量是宇宙運作的根本。有無數看不見的力量在我們之內和周遭移動，影響著我們對生命的體驗。

除了我們已經談到的思想和情緒振頻的力量，還有三種全然存在於能量界域的無形助力。他們是靈體的振動，而他們的能量是如此有力，忽略他們可提供的協助會是嚴重的錯誤。

靈性能量穿透所有造物。事實上，它是自然和不可思議的超自然兩個世界裡最強大的力量，具有創造無限成就的能力。有意識地和這個深不可測的力量連結是我們能為自己的人生所做的最重要的事。然而，這個力量卻往往最被輕忽，即使我們都很容易就忽視自己的靈性面——主要是因為靈性似乎不比我們身體或物質的需要來得重要。為了快樂，我們忙著賺錢，無視於我們已擁有最重要的滿足管道之一。

心靈 / 精神的世界充滿豐盛的喜悅和無盡的資源。它的能量是地域和非地域，個體和宇宙，現在與無限。每一個存在——包括你——都有個獨特身份，然而也無法跟任何其他個體，甚至一切造物的源頭與流動分離。

這些雖是令人頭昏腦漲的概念，但你必須好好思考，因為這些靈性振動就是「神奇」來自之處。當你和這個威力驚人的宇宙力量連結，你便是將自己和一切美好事物的源頭銜接。在愉悅的美妙連繫裡，你創造奇蹟，你也體認到自己就是奇蹟。事實上，非物質的以太和物質界的美妙超乎了我們的理解，而當你和這個層級的靈性共鳴，你的振動將為你接通人生中所有美麗、豐盛和歡樂的事物。

第二十三章

你的高我

通往成功的第一個無形助手

「源頭是無限的。它沒有界限；它是無止盡的擴展，無窮盡的豐饒……和你的大我重新連結就要先拋開懷疑。」

——韋恩・戴爾博士（Dr. Wayne W. Dyer）* 作家

靈性世界提供我們帶有最高意圖的美好能量以及能協助我們達成目標的力量——而這其中最接近我們和最即時的幫手，事實上，就是**你自己**——你的靈魂或你的高我（或稱較高自我，higher self，它不是因為飄浮在你之上所以「比較高」，或多少比其他人都來得好所以稱高我；它被這麼稱是因為它是在高於你的物質自我的頻率上振動）。透過你的靈魂，你打造你和神性臨在的連結以及祂能帶給你的富足，這也是你取得你所需一切資料、力量和資源的方式。

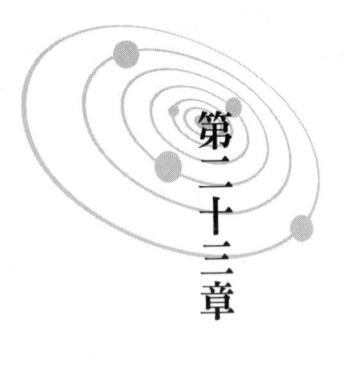

你的靈性自我知道它和所有存在的本質都是無限與永恆的。

它知道靈魂的表達不受這一世生命結束的影響，這一生在漫長與壯麗輝煌的存在旅

程中只是思想的短促低語。
體認到這個事實會讓你每天的生活經驗充滿平靜與平安，那是一種超越你對有限時間和受限機會的認知。你自己的靈性就將為你開啟此刻已然存在的無止盡與無限制的實相。

沒有了這個永恆的定義，時間是你的敵人；恐懼成了你生命的暗流，你會變得絕望、焦慮、想要掌控一切。恐懼的能量使你的個人追尋充滿迫切，而迫切會破壞你所尋求的幸福。反之，接受你的無限本質將從根本上改變你人類經驗裡的恐懼，你對一切事物（包括你的目標）會整合出一個較為開闊豁達和平靜的態度。

更高自我，更高的力量

你的高我事實上比你還清楚你需要什麼。它擁有你尋求的所有解答，以及任何時候你想要的豐富資訊。它也具有你所需的任何能力，但你必須開放自己去接收高我的力量。

當有疑慮時，請它帶給你信任和釋放憂慮後的平靜。如果你對如何選擇感到迷惑，請你的高我給你智慧，讓你知道怎麼做——也請它給你貫徹到底的勇氣。

每一項個人特質也都能透過這些更高的振動獲得。像是自信、智慧、勇氣、決心、愛和希望，它們都存在於你的靈魂自我。即使你覺得自己從不曾體驗過這些特質，你的永恆靈魂體驗過。你的高我願意在你需要的任何時候把這些特質帶給你——在任何情況、任何時間。

冥想

這個冥想可以幫助你的身體和心智體驗特定的品質。

放鬆並觀想一道美麗的光從你的心的中央散發。你看著它並感受到這個美麗光芒的溫暖。你知道這道光是你真實和最高自我（大我），它能提供你渴望的任何品質。不論是優雅，悲憫、堅持、耐心、紀律、平和、目標、尊嚴或其他種種，你都可以從你的永恆核心召喚。只要說出你想要的品質，然後深呼吸，允許自己放鬆，感覺自己被那個特定能量所充滿。

現在就來試試：

深深的吐氣與吸氣，淨化你的呼吸，然後說：自信。

從你的內心與靈魂深處召喚自信的感覺。

再次深呼吸，讓自己放鬆，沉浸在自信的感受，當重複唸著這個美好品質時，冥想它的特性。感覺它在你的心裡和頭腦振動。體驗到自信的能量在心裡成長，充滿你，提升你，並使你強壯、感到肯定和自由。

允許自己用任何你希望的強度來體驗這個過程。放鬆，重複你想要的特性名稱，然後體會這個感覺，很快地，它就會完全屬於你。

除了這個簡單的方法外，我在紐約州百合山谷（Lili Dale）的朋友湯姆奎司立（Tom Cratsley）也教導一個技巧。湯姆是位很能激勵人心的諮商師和講師，他在工作坊鼓勵人們先用開始於「我開放自己接收我的靈魂能力」的肯定語來接通靈魂的宏偉力量，最後再視當時的情形用明確的意圖去改變、療癒或接收。

以下是和你的內在力量連結的有效方法。不論要做什麼，你都能用這個意圖來實現。

一開始先放鬆，再深呼吸，然後冥想你的心輪，感覺你的力量從你的心茁壯。在進行的時候，想想你正面對的事，然後以肯定語的方式肯定你明確的靈性焦點。

這個方法可以應用在需要的任何事上。譬如，你可以這麼肯定：「我開放自己接收我的靈魂能力……」

- ……去信任
- ……去釋放憂慮
- ……去原諒自己
- ……去接收資料
- ……去完成這個計劃
- ……神清氣爽的醒來

- ……去冒險
- ……得到平靜

每當需要時，你都可以仰賴這個有效的技巧。它提醒你，在個人能力、正面情緒和具創意的意圖上，你有無止盡的選項可以盡情使用。

靈魂的尊嚴就跟恐懼和憂慮一樣，都是人類經驗裡的重要部份。事實上，你的較高自我是那個不感到恐懼、不知道界限為何的你。將無止境的豐富資源帶到生命的是你的靈魂。你的靈魂面向除了能夠提供你所需要的能量狀態，祂也能帶你通往無限和永恆宇宙的一切智慧。

你與神性心智是一體的，而且你現在就有通往這個全知資源的管道。你的本質就是資訊的泉源，因此，詢問問題，安靜你的心，冥想並傾聽你直覺的回答。

每當你需要做出決定或釐清事情時，向內要求資料，並準備好迎接你必然會收到的答案。

得到啟發

當你以靈魂的遼闊而不是身體和心智的限制來定義自己，會是怎樣的狀況？

宇宙的靈感將被開啟。有無數例子告訴我們，人們在出乎預料的時候獲得啟發。科學、藝術、文學界，甚至金融界都有許多顯然是奇蹟的故事。這些時刻是更高自我和宇宙心靈共鳴時所產生的能量的回應。事實上，啟發（inspire）這個字就表示「在靈性裡」。

這個過程不必然是神秘的，雖然看來可能如此。這個宇宙事實上充滿了資訊和無窮的創意。就像「形態生成場」（morphogenetic field）帶有情緒能量，資料的豐富場域也帶有亙古以來——過去、現在和未來——的永恆智慧與知識。透過你和宇宙流的共鳴連結，這些資料一直都在那裡供你擷取。唯一能阻止你接通的是你自己的抗拒。阻礙可能以懷疑、令你分心的事物形式出現，但一旦你放下這些能量的障礙物，你將發現你所尋找的答案以料想不到和神秘的方式到來。

我相信與神性心智同步是無數創造、發現，甚至藝術、音樂及文學上偉大作品的來源。有個特別驚人的例子發生在加州的化學家穆里斯（Kary Mullis）身上。穆里斯得到的啟發協助他發明了聚合酶連鎖反應（Polymerase Chain Reaction），這可說是人類在瞭解和解譯ＤＮＡ上的最重要突破。

穆里斯在他的著作《迷幻藥、，外星人，還有一個化學家》（Dancing Naked in the Mind Field 大塊文化出版）裡，描述他如何在實驗室努力找出辨認ＤＮＡ的方法卻都徒勞無功。一天，他離開實驗室，開車前往他位於加州安得森谷地（Anderson Valley）的小木屋。當他看著前方山丘盛開的七葉樹花時，解答的方法突然清楚了。在萬分之一秒的瞬間，他有了靈感，於是他把車暫停，把靈感記下來。

回到實驗室，他繼續埋首研究，那一剎的靈光乍現引導他得到解答。他後來說，答案非常簡單，他不懂為什麼之前都沒有人想到。事實上，資料一直都存放在「形態生成場」，等候穆里斯契合的共振接收到這些資訊並且取用。

穆里斯的確是受到啟發。答案不是他在實驗室鑽研和深思筆記時想到。答案出現在他駕著敞篷車，幸福地看著佈滿山坡的美麗樹木時。穆里斯一直在尋找答案，而他當時正好處於身心放鬆，心靈對宇宙開放的狀態，因此他收到了資料。答案就在那兒等著他，而他的渴望和意圖將資料從能量界轉移到他的實相（現實世界）。

這個啟示使他獲得諾貝爾獎，聚合酶連鎖反應的影響也遍及世界。接續穆里斯的發現所進行的研究已經完全改變我們對DNA的瞭解，不但幫助預測並挽救人類免於基因遺傳方面的疾病，也從根本改變了鑑識犯罪學。

穆思斯的經驗並不獨特，他也不是唯一有這類經驗的人。作家、藝術家、發明家，以及歷史上各個時期各行各業的人們都曾體驗過這種自然而然獲致靈感的神奇。愛因斯坦常說他最棒的解答是在他沒有想著那些問題時獲得。愛迪生則是在他的實驗室放了個吊床，他說他常在小睡醒來的那刻得到他尋找的答案。

如果你放鬆、打開心靈，然後詢問，你一樣也可以獲得靈感。

交給你的高我處理

接通高我這個驚人力量的方法之一，是讓自己對信任直覺越來越自在。要這麼做，你要先能靜下心，傾聽答案。然後你必須願意承認並遵循你得到的指引。

學習更常聆聽你的直覺，並懂得區分直覺和恐懼的聲音。有時候它們會聽來很類似，你必須更深入傾聽你的心才能區別。

我曾遇過一位女士，她原本要搭乘的那班飛機在蘇格蘭上空發生爆炸。她在坐飛機前便有股想延後幾小時再出發的衝動，有部分的她因為重新劃位要多花錢而猶豫。但她聽從了她的高我，放下了對金錢的顧慮。她付了額外的費用，而她的直覺救了她一命。

要增強你和宇宙源頭的直覺連結，你就要能穩定你的能量並釋放憂慮。

學習如何放鬆，並且把你可能感受到的一切匆促混亂與擔憂放下。它們是將你拉離你和靈性連結的振動。

固定冥想和平靜的省思則會連接你到一個較高源頭，使你置身於宇宙的愛、指引和資訊的平靜能量流動裡。

每當有需要時，想想你的問題或是正進行的事項，然後請你的高我協助。晚上入睡時，請你的靈魂為你工作。不論是說服某人相信你的構想的效益，還是獲得完成目標所需的特定資料，你的高我擁有的力量比你知道的來得強大。

請你的靈魂在你入睡時進入宇宙。在床邊準備一本筆記，好記下你在晚上可能有的任何印象。你的夢裡甚至會有你尋找的答案，把它們記下來，保持心胸開放以便看到蘊含其中的真相。

一直與你同在的靈魂能量是你的現在，也是你永恆定義的一部份。你不會比現在的你更接近心靈的世界。你的靈魂並不因離開了你的身體而更偉大、更有力量或更有智慧。它只是較不受物質干擾的阻礙所累。

此刻，你的本質就具有接通儲存所有智慧場域的力量，它也能跟所有能量界域連結。請你的高我協助，但不要就僅止於此，將你的要求發送到世界——你可能會訝異所得到的回應。

自我肯定語：和高我連結

- 每一天，我越來越覺察我永恆的靈性和靈魂。我活在靈魂帶來的平靜裡。
- 我接受靈魂的明晰、智慧、恩典和力量。
- 我開放自己接受靈魂去愛和被愛、去創造、去信任和接收的能力。
- 我越來越常傾聽直覺的聲音。靈感與啓示無所不在，每天都帶來知識與指引。
- 我釋放世俗的憂慮並擁抱我的永恆身份所帶來的平靜。

譯註：「形態發生場」是物質顯化生物體與意識進化的場域。

第二十四章

天使、指導靈和慈愛靈體

通往成功的第二個無形幫手

「在開啓的那扇窗外，天使遍佈在晨間的空氣裡。」

——理查·維伯（Richard Wilbur）*美國詩人，曾獲普立茲獎

靈魂世界比大多數人所能想像的還要廣闊，住民也稠密得多。除了你自己靈魂的能量外，每個個體的能量都在時空中穿梭振動。看不見的存在體正對你微笑，他們很願意以種種方式幫助你。這些存在體包括天使、靈性嚮導、你愛的人，還有能量界裡其他有愛心的靈魂，他們總是向你傳送愛和令人安心的訊息。

天使

自有歷史以來就有天使，天使在每個宗教裡都被認為是上帝的僕人和人類的幫手。請不要因

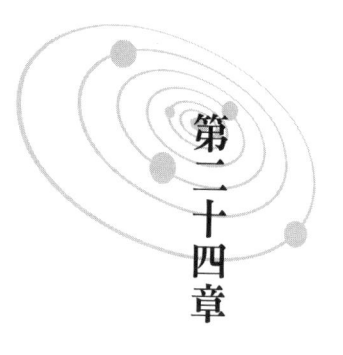

為宗教味太濃或怪異而忽視了祂們驚人的力量。如果你希望實現或做些什麼，你都可以呼喚天使的協助。就跟所有協助一樣，不論是否在靈性層次，你都必須先要求才能得到。

很多故事都有天使出現在各種情況的事蹟。我有位朋友在一家工作性質帶有風險的工廠上班，他說他每次去工作時，都會要求天使的保護。一天，工廠發生火警，煙霧濃到他看不到逃生出口。這時他聽到有人叫他的名字，他循著聲音一路走到了出口。到了門邊，卻沒看到任何人。

一位奧林匹克溜冰選手曾對我說，她向來都會召喚天使的陪伴。她時常感覺祂們和她在冰上溜冰，甚至在她表演跳躍時拉她一把。

我還有個朋友是短程航線的小飛機駕駛，有一回在蘇必略湖的上空遇到強烈暴風。他那十二人的小飛機頓時失控的垂直往下墜落，他使盡了全力也無法把飛機拉高。他開始禱告，祈求能得到幫助，突然間，他感覺兩個強有力的手臂幫他把機頭拉了上來，他因此順利完成這趟飛行，乘客也平安抵達目的地。

這些人都向他們的天使請求協助，自然也如願以償。然而，來自靈魂世界的幫助並不僅限於天使界。

靈性指導

你可以儘管向宇宙提出請求，因為有無數的靈性指導願意提供協助。這些幫手可能是聖人或其他靈性大師。喜劇演員丹尼湯瑪士（Danny Thomas）就有過親身經驗，他的一個請求拯救了成千上萬人的性命。

一九四〇年代早期，湯瑪士在娛樂圈辛苦的闖蕩。他曾在電台工作，也做過脫口秀，但他的收入不足以負擔他的小家庭。他太太希望他能離開娛樂界好好當個雜貨店員。她懷了孕，他們的經濟狀況又很糟，丹尼認為有份安定的工作可能是他唯一的選擇了。

他聽說聖徒猶大（St.Jude）守護絕望的人，因此他到地方上的一間教堂向這位聖人祈禱。丹尼要求給他一個徵兆，讓他知道他該留在娛樂圈還是該換到某個「較平穩」的工作。他決定，如果他的喜劇演員的生涯沒有很快有起色，他就要換個固定的正常工作。

沒多久，他做了一個他去芝加哥的夢。他聽從這個啟示前往，在抵達的第一天就通過試鏡，得到好幾個電台節目的角色。接著，他演出了兩個叫座的電視節目。他後來也成立一間非常成功的製作公司，不但製作許多受歡迎的節目，也帶給他豐富的收入。

當丹尼向聖猶大祈求時，他曾說會建造以猶大為名的聖壇來答謝——然而丹尼做的遠多於此。一九六二年，丹尼設立了治療重大傷病孩童的聖猶大兒童研究醫院。這家由丹尼個人贊助成立的醫院有個政策：病童絕不會因父母付不出醫藥費而被逐出。

這間很棒的醫院是目前研究兒童疾病最先進的一家，自成立以來，已成功救回上萬的年輕生命。丹尼湯瑪士多年前向聖猶大尋求的靈性協助，現在為來自全美各地家庭的祈禱帶來答案，湯瑪士的人道精神也使他獲得國會頒發的國會金章（*Congressional Gold Medal*，與總統自由勳章並列為美國最高的平民榮譽。）

我也有位我經常向祂求助的靈性指導，聖安東尼（St. Anthony）。他是失物的守護聖徒，你可以呼喚祂尋找你遺忘的任何物件。當你在心裡想著遺失的物品時，大聲唸出祈願詞，請求聖安東尼前來協助，很快地，你就會得到靈感幫你找到失物。

我總是向聖安東尼求援，不只是找不到的東西，每當我需要資料或支持，我也會請求祂的協助。我甚至請祂幫忙尋找我們想領養的孩子。這些年來，我經常召喚聖安東尼，我現在都膩稱祂東尼。

幾年前，我在演說時提到靈魂世界的協助和聖安東尼如何幫助我的幾個小故事。在我剛說完如何召喚聖安東尼的祈願詞時，許多人做筆記，有位女子卻從房間後頭跑了出去。當我結束演說，正要離開講堂的時候，這位女子朝我走來。她對離開會場致歉，然後告訴我她當時必須要立刻打電話給她姐姐，告訴她關於聖安東尼的事。

這位女子的姐姐遺失了祖母的訂婚戒指，這個戒指不只是昂貴的古董，對她們來說，還有特殊意義。她在電話裡重複祈禱詞，然後兩人一起大聲唸出來。她姐姐頓時浮現梳妝台抽屜的影像。她打開抽屜——戒指果真就在裡頭。她不明白這是怎麼回事，因為她已經檢查過少說十次以上，其中一次甚至把抽屜裡的東西全倒到床上。此外，她當天早上還從那個抽屜拿襪子出來，但當時戒指並不在那兒。

那位女子說：「我真是太訝異了！」我告訴她，我不斷聽到這類事，這不讓人訝異，因為聖安東尼是慈愛而且很願意提供支持的靈魂。她回答，「噢，不，我訝異的不是這個，我訝異是因為我們是猶太教徒。」

請放心，靈魂世界沒有教派之分。我說話的對象從聖靈、賽巴巴（Sai Baba）（印度靈性導師）到我摯愛的祖母安娜。你也一樣可以向任何人尋求協助，召喚聖人、佛陀、先知、天使，或已逝的摯愛親友。

你愛的人和其他靈魂

知名物理學家費米（Enrico Fermi）有個家喻戶曉的故事。他和他哥哥朱利歐（Giulio）從小就熱愛物理。不幸地，朱利歐在費米十歲時過世。失去哥哥後，費米大量閱讀各類物理書籍。就在他快讀完某冊書時，他姐姐發現一件奇怪的事。她問十一歲的費米是怎麼看得懂一本完全用拉丁文寫的書。費米告訴她，他瞭解書裡的一切，他根本沒注意到那是用一種他完全不熟悉的語言所寫成。

有人說，這是費米死去的哥哥在為他翻譯。有人則相信是位天使在幫費米，也有人確信費米心裡就是知曉這些知識。不論費米這種不可思議的神奇理解力由何而來，他都運用這個能力在很年輕時就成為核子與放射線科學的領導者。

不要害怕向一切可能的資源請求協助。你可以要求答案和成功！科尼利厄斯•范德比爾特（*Cornelius Vanderbilt*）向一位唯靈論者徵詢生意投資意見的故事眾所周知。他因此累積許多財富並設立了一所大學。

不論協助來自何處，這些故事都有個共同點：我們所需要的幫助並不是源自這個世俗、物質的世界。協助來自能量界——這些看不見的無形助手，這些慈愛且關心我們福祉的靈魂的家。我們的天使、指導靈和守護靈能夠自由進出——並影響——物質與能量世界，而令人驚奇的資料和協助此刻就正在我們四周振動著。

在一個純粹潛能的世界裡，你需要的一切就在你意識的邊陲，等待你去開啟這扇意識的門戶。

自我肯定語：與慈愛的靈性能量連結

- 慈愛的協助來到我面前。我開放我的心，我充滿感激。
- 天使們以仁慈和悲憫為我的生命增添光輝。我受到保護並被關愛照顧。
- 每當我有疑問或遇到問題，我需要做的就是提出要求。我總是收到我需要的答案，為此我心懷感激。
- 祈禱把力量和目標帶入我的生命。我以自在輕鬆和平靜的心祈禱。
- 這個宇宙充滿了愛的意圖。我現在將我充滿愛的意圖與宇宙的豐盛校準。

第二十五章

神性臨在

通往成功的第三個無形助手

「我們是如此煩惱重重，以致從未聽見神聖的旋律。如果我們能看見……如果我們能瞭解……只要我們能體認到一切萬有的臨在，有什麼會是我們做不到的呢？」

——霍姆茲（Ernest Holmes）* 宗教科學派創辦人

所有創造的神性源頭存在於宇宙的每個波和粒子。這個迷人的能量是生命的心跳和一切事物的起源——包括所有的成功。

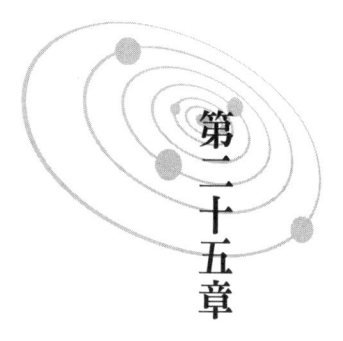

就此而言，這個神性臨在必須成為你生命裡真實且存續的部份。如果你排除這個驚人的力量，你的夢想可能因靈性枯竭而死亡。但如果你將這個神性視為生命的給予者和你的存在的共同創造者，你就能以無限的力量鑄造你的能量，並創造出充滿你整個存在的平和與寧靜的意識。

這不該只是某個美好的理想，它應該是衷心的體驗，一個你每天向上帝請求並接受祂慈愛作用與影響的過程。人類生命與生俱來的個人尊嚴來自靈魂的源頭，它揭示我們不朽真相的真正本質。這個連結超越了所有問題、匱乏和憂慮。它帶來遠為平靜和恆久堅定的感覺，就是這個感覺總會把你帶回你的源頭，並協助你找到解答。

要到達這個詳和所在，你首先必須將自己定義為靈魂。在這個定義下，你的價值並非基於外在事物，而是你的神性傳承。你是神聖的，你的生命也是。貶低自己也就是否定你的神性身份，而神性身份正是我們個人成功的真正源頭。

你必須看見自己的價值和你永恆生命的重要性，而且最終要放下評斷和有條件式的自我接納，因為這種以物質來評價的作法會持續否定你人類自我的內在神聖。

內在的神性臨在是你的價值的終極源頭，當你接受了這個真相，這個世界將以祝福擁抱你。

你的靈性和個人成功在本質上是與你的自愛緊密相繫。你是上帝的孩子，你是永恆的愛與光的顯化，而你如何對待自己，就是你告訴上帝你會怎麼愛祂的孩子。

你會讓某人用你對自己說話的方式對你的孩子說話嗎？當你批評自己，上帝正問你，「你怎能這樣對待我愛的人？」你的評斷否定了你生命的永恆靈性，而如果自我憎恨和自我譴責被允許繼續存在，它們將堵塞你內在的光，直到你的磁性能量有如遙遠黑洞般的稠密與黑暗。

你不能將你從真正的**你**分割。如果你無法將神性臨在和你對自己真正的感覺整合，那麼宇宙最有吸引力的振動將被封鎖，而這就是人類主要疾病的原因：世界各地有數百萬人覺得他們生命源頭的能量被卡在他們破碎的心裡。這種痛苦的鬱悶會使人迫切地透過像是上癮行為、購物和逃避，來獲取表面的滿足。然而，再多的外在歡愉都無法真正滿足一個空虛又和神性失去連結的靈魂。

你必須打開你的心，讓它和你的神性傳承——你接收的源頭——連結。畢竟，成功、愛和真正滿足的喜悅如果無法通過你，它們就不會**自由流向**你。

再一次，能量的轉換是必要的。接近神性使你遠離恨——不論這個恨或厭惡是對你自己還是別人。一個和神性連結的開放心靈需要你持續轉換你的意圖，並且每天都做出新的選擇。

當你放下衝突，擁抱平靜，並總是朝著愛前進，你就是對上帝打開你的心。

神聖的心

通往神性的道路並不漫長——它的距離只是從你的頭腦到你的心。

不要只是仰望天空，因為你與神性的連結不會在那裡被找到。反而，從你的心輪冥想。緩慢地深呼吸，要求感覺那已經居於你內的永恆之光。看到這光在你內成長並向外散發，這光將你和神聖愛的所有光都連結了起來。這就是一切造物的靈魂本質：我們都是那明亮源頭的光束，齊聚在上帝無限燦爛的振動裡。

除了每天的冥想外，還有一個和這個充滿力量的神性臨在連結的方法，那就是透過真誠和衷心的祈禱。

長期以來，禱告就被知曉為具有療癒、保護和得到啟示的力量，它也是通往神的管道。以誠摯的心所述說的禱詞能夠觸及能量世界的未知深處，因此常帶來其他事物所無法創造出的結果。

我在我的日誌前放了一張禱告單，我把需要療癒或解答的人名/情況寫在單子上。我每天向上帝提到這些名字；每天早晨和晚上，我會花些時間傳送愛的意圖到這一切情況。我專注在自己的目標，但我也包括許多全球性的議題，譬如協助無家可歸的遊民，療癒病患，並為戰爭祈求和平的解決之道。我還加了一個祈願：為那些沒有人幫他們祈請的人傳送愛的協助。

不論你祈求什麼，你用的字彙和想法不必是正式或有創意；它們只需發自內心。當你想要釋放情緒或被療癒時，讓你自己成為開啟這溝通的管道；要求你想要的，並對你得到的表示感謝。表達欣賞和感恩的禱詞是回饋給一切美好禮物的給予者的愛的低語。在你所做的一切裡表達感謝，久而久之，這就會變成你對美好人生的召喚。當你在每個經驗裡看到神，你會意識到你的一生原就是場禱告。

有許多運動員、發明家、金融家、搖滾明星、演員，還有無數的人，將成功歸因於他們與上帝的關係。不要把這個想法只看成是愚蠢的感性。上帝無邊無際的力量，所有宇宙的創造力與共鳴，就是你個人命運最強大的支持者，也是最慈愛、最誠心樂意的共同創造者。

讓自己對這個神聖的連繫開放，你將在每個呼吸感受到足以改變生命的力量。美好的事也可以發生在你的人生——事實上，沒有比與上帝之間的成功關係來得更有成就的事了。

自我肯定語——活在神性臨在裡

- 我被上帝的愛祝福。我是自由的。
- 我釋放恐懼和自我憎惡。我很安全，而且我值得，我一直活在神的擁抱裡。
- 所有喜悅、成功和平靜隨著宇宙富裕之流來到我的生命。我現在就獲得無盡的祝福。
- 我和神性連結的每一刻都為我帶來改變生命的力量。
- 我在所有的人身上看到神性。神性意識將我們每個人連結。
- 我被上帝的愛充滿。我的生命是場冥想和平靜的祈禱。我擁抱我和源頭之間的愛的連結。
- 我感受到禱告在我生命中的力量。透過祈禱和愛，我連結宇宙無可計量且無邊無際的協助。

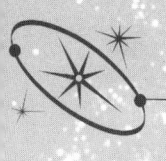

第六部

成功路上的兩個障礙

在追求成功的路上，有時你會遇到接二連三的阻礙。事情老是出錯，時機總是不對，經濟變糟，要不就是別的事來插花。你像是沒有建立正確的人脈，也或者參與其中的人一直把事情搞砸。

這些阻礙看似偶然，好像在你影響所及之外並超乎你的控制，但請不要這麼相信。你認為這些只是巧合，但它們確實是對你個人共振的能量回應，因此，它們大都源自你自己。事實上，你必須處理的兩個最大的阻礙都是你加諸在自己身上，或說，你自願接受的。不過這算是好消息，因為這表示你有能力改變你的創造。

生命是個過程，它是一個好與壞兩種經驗持續流動的過程。能量上來說，你如何回應比發生的事更重要。

不論發生什麼，或不論多久才會成功，你都能選擇繼續朝向你的目標，並針對你的意識和能量產物採取行動。

不論遇到什麼阻礙，要記得，即使是意識上的微小變動都能產生生命裡重要——甚至即時——的轉化。

現在和永遠，這一刻和任何時候，你都有力量改變並看見你的目標綻放成美麗的實相。

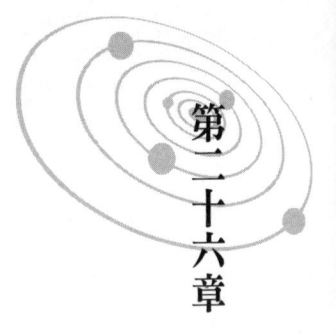

第二十六章

受限的信念

通往成功的第一個障礙

「相信你會成功。堅定地這麼相信，然後你就會去做達到成功的必要事項。」

——卡內基（Dale Carnegie）

你的信念顯然是你的能量和命運的產生器，再沒有比信念更重要的因素可以決定你的成功了。而對成功最具破壞性的兩個思想就是懷疑和限制。只要想想懷疑是如何影響你的意識的運作：你的大腦輕易就會相信那僅屬感知的事物是真實的，所以如果你對自己能否成功存疑，你會在意識裡埋下這個負面信念的種子——然後你的意識就會在你的實相，你的現實世界裡創造出反映你信念的情況。

如果你想要宇宙的力量協助你實現渴望，你必須選擇依宇宙的法則生活。你是可以做好一切規劃並採取所有的必要行動，但如果你懷有失敗的心態，或甚至一點懷疑，你就怎麼也無法讓這世界回應你的渴望。如果你的能量充滿恐懼和限制，你會和宇宙能量的流動對抗，因而持續在浪潮裡載浮載沉地掙扎。

通往成功的真正道路是選擇堅強和樂觀的信念，因為你的信念建構了你所有的意識創造。它們是你每天思想的源頭，創造出你的個人能量。健康的認知產生正向成果；不健康的認知則製造並散播帶有破壞性的能量，這將無可避免地導致不快樂的結果。

磁性和顯化法則非常明確：你絕對會實現你所相信的——而不是你想要的、渴望的，或期待的。這個真理確切無疑，不會改變。

你的信念是宇宙引擎的燃料，是你的顯化器具。如果你接受帶有限制的假設，你會投射出侷限的意識，吸引更多的限制。反之，不受限的信念產生無窮盡的可能，並開啟你豐盛的人生。

封鎖負面視窗

把你的心智想成電腦——當你打了個字或句子後，按下搜尋鍵，你會得到一組特定的答案；你的心智過程也是以同樣的方式運作。當你給心智一個特定字句或畫面，它會為你搜尋最普遍的回應。

舉例來說，當你想著「工作」這個字，你首先想到什麼？這個字最先喚起什麼感覺？

接下來，想想「錢」，當你的心智搜尋回應，你得到什麼？很多人想到匱乏，感覺到恐懼和不安，你呢？

現在，想想你的「目標」。當進行心智搜索時，你發現什麼？是正面還是負面反應？是興奮的感受還是憂慮疑惑？

最後，想想「自己」，注意你的感覺。如果收到任何負面反應，你要再搜尋一次。

你的想法就像網路上的彈跳視窗。你可能在進行工作的當下突然會有不愉快的假設性想法出現。有時只是個短暫念頭，但它帶來的負面感受通常非常強烈，它會將你心智的整個「視窗」填滿，直到你無法逃脫。

當這樣的情況發生，除了關機再重新開機外，你別無選擇。你必須用一個新想法開機，一旦啟動，你就要下決心封鎖所有企圖干擾的破壞性視窗。事實上，你可以創造屬於自己的正面防護機制。我就這麼做過，我也把做法教給客戶，他們都成功地運用在各類情況。

觀想正面視窗

想像一個色彩明亮、鮮豔和開心的正面影像；它可以是個看來容光煥發的你正在完成目標，或正進行一個開心的活動的畫面。

將這個令人愉快的影像配上鮮明生動的細節，再加上正面字彙或句子。每當發現自己處於負面思考，就讓那個影像視窗跳出。

將畫面最大化，使它佔滿你的心智，你因此無法想像其他東西。持續專注在這個畫面，直到你注意到自己不開心的感覺正在改變。

深呼吸，微笑，放鬆，將畫面拉得更靠近些；看到自己完全投入其中。每有必要就重複這個正面的新影像，直到你開始注意到你對自己和生命的想法與感覺朝著正面的體驗改變。

這個作法會幫助你把新的影像、思想和喜悅的感受鞏固在你的意識和宇宙能量流裡。它會送出正面的振動到能量界，然後與之相合的能量將會帶來對應的結果。如果你持續在一感覺到負面念頭時就這麼做，你的人生必然會產生新的動能。

每當遇到困難，感到懷疑或受困在受限信念時，你都可以使用這個技巧。事實上，你絕對要這麼做。你的心態創造你的實相，所以你要在每個機會都選擇正面的心態和思維。限制性的想法在你的共振周遭築起圍牆，封鎖你的成功。想想看局限的念頭會如何運作，它們將如實地創造出和你努力所求相反的結果。

是時候有意識地反轉你舊有的疑慮和受限的信念了。不論你過去相信什麼，你現在都必須去除這些陳舊、使人不得安寧的嘮叨思想。

你的確有力量放下它們，而且這是唯一的合理選擇。即使你覺得自己的負面信念是迫於習性或迷信，它們只會製造出一堆困難，保證令你一事無成。

真相還是嚇唬

以下是一些和成功議題有關的最常見的侷限信念，但這些並**不**代表你的真相。這類想法不只在能量上有害，它們也破壞和諧，使你和宇宙的流動失衡。

要回到與宇宙能量和諧的狀態，你必須要相信更真實和更有力量的事物。停止欺騙和低估自己的潛能，開始活出你的力量。認知到你的內在、你的世界和你所有的個人追求所具有的無限潛力。

你發現自己最常想到下列哪個信念？認出你曾經有過的，然後把你的新真相寫在小紙卡或日誌。把它們帶在身上並儘可能經常拿出來看。看的時候要加上樂觀的畫面——即使只是你在微笑和感到開心。

每當發現自己又想著負面信念時，觀想你的愉快影像，並再次對自己肯定你的新信念。

受限的信念：我不夠好（不夠聰明、不夠迷人），我沒有成功的條件。

個人的真相：我夠好（夠聰明、夠迷人），我可以成功。

我相信自己，我相信自己有創造偉大未來的能力。

受限的信念：我必須是完美的才行。我做的每件事都必須完美。我必須被每個人接受。

個人的真相：我接受自己。我可以沒有批判的接受自己和自己所做的事。

受限的信念：我怎麼會成功？我從沒有成功過。

個人的真相：我釋放過去，我放下。今天是新的一天；這是新的想法。我在每一刻都創造正面的新能量。

受限的信念：我沒有足夠的錢（教育/學歷、運氣）成功。

個人的真相：我擁有成功所需的一切。我擁有創造我想要的傑出未來的一切資源。

受限的信念：這社會沒有足夠的好工作（異性、機會）。

個人的真相：這個宇宙是豐盛的。有許多很棒的工作（男人/女人、機會）可以讓每個人都擁有成功和快樂的生活。我現在就吸引那些豐盛的機會。總是有豐足的事物讓我享受。

受限的信念：事情總變得不順。我除了霉運外，什麼運都沒有。

個人的真相：我選擇去認知生命裡擁有的一切美好事物。我正吸引越來越多令人開心的狀況。我真的很幸運，我是受到祝福的。

受限的信念：我現在做的不夠好。我必須做更多、賺更多，並且擁有更多。

個人的真相：我現在做的事是有價值和值得的，我本身也是。我現在就選擇把自己看做是成功的。我在我做的每件事上看到價值，我也吸引更多有價值的事物來到我的生活。

受限的信念：我必須持續努力變得更好。我無法接受現在這樣的自己。

個人的真相：現在的我就很有價值。我不必去做什麼事或當個不一樣的人。每一天，我都選擇越來越認知到自己的價值。我正在學習在每個當下接受、相信並欣賞自己。

受限的信念：我要成功才能快樂。我必須要趕緊成功。

個人的真相：我選擇現在就對自己感覺良好並在生活裡創造幸福。我知道平靜和開心的態度會吸引更多更棒的成功和喜悅來到我的生活，因此我每天都創造這樣的生活態度。

這些只是一些你可能發現自己會有的受限信念。你能想到更多嗎？把它們寫在日誌，並確定你也寫下相反的陳述。把日誌帶在身上，重複這些正面想法，直到它們成為你的自然反應。

這不是瞎忙或沒事找事做，這是你製造正面能量的關鍵。顯化的過程和你的想法與信念有非常密切的關聯，你不可能繼續活在受限的信念卻沒付出代價。

血型：正面

有些人事實上是透過他們的限制來定義自己。他們的負面心態似乎根深柢固地在他們的血液裡。他們是如此沉緬於自身的恐懼和焦慮，甚至從沒想到要用正面的方式回應。

不論你是處在這類周期性的悲慘或只是偶爾心頭閃過懷疑，你都必須使用選擇的力量去走一條不一樣的能量道路。

受限的想法是憂慮的另一種形式，當你對某個問題感到焦慮，你只是增加了障礙的能量。焦躁、恐懼或懷疑無助於解決問題；它只會增加更多阻難，令你煩上加煩。你必須以肯定看待每件事的態度來對待你的人生。

要改變你的思想和信念可能不那麼容易，但就長期而言，比起繼續活在思想與信念的負面影響之下，這麼做事實上較不費力。不要認為這是不可能的任務或這麼做並不實際。限制性的信念抑制你的實相，它們在你追求成功的周遭堵起了一道你無法穿越的能量圍牆。

導致你人生痛苦的，是你的信念系統，而不是沒有前景的工作，糟糕的人際關係或甚至金錢的匱乏——雖然這會是你想責難的。不如說，是因恐懼和評斷所產生的絕望令你痛苦。

不要再受困其中了。當你最終做出不再絕望的決定，你就能擁抱你具有無可限量潛能的真相。由此而來的喜悅與自由將使憂慮如過往雲煙，真相會賦予你想像不到的力量。

我在研討會常用一對父子去看馬戲團表演的有趣故事來說明信念的力量。以前，在馬戲團還沒有固定表演舞台的時候，當時的工作人員必須帶著超大的帳篷從一個城鎮到另一個城鎮演出。在其中的一個村落，有位父親帶兒子去看工作人員是如何架設起那龐大的帳篷。他們看到大象拖著龐重的帆布，提起和電線桿一般粗厚，用來支撐帳篷的桿柱。

很自然的，小男生對大象巨大的力量驚歎不已。當這對父子稍後觀賞馬戲團的演出時，男孩看到每隻象的腳踝都被條繩索栓在地面上的木樁。看到這個景象，男孩問父親，為什麼這些龐然大物不拉斷繩子或把木樁扯離地面？這些象先前不就有舉起巨大柱子和拖曳沉重帳篷的力氣嗎？

父親解釋，當大象還是小象時，牠們有隻腳踝是被鍊子栓在地上的鐵桿。每當牠們試著走遠，腳鐐會把牠們限制在一定的範圍內，小象們很快就學到當被這麼綁住時，牠們是無法離開的。這成了指導牠們的知識和身體的實相。甚至當牠們長到了巨大的體型，牠們的一生都還是依照小象時的感受在生活。牠們的存在受到限制——不是被牠們的真相，而是被牠們所教導的事。

是什麼限制性的思想把你束縛住？有哪些個人力量是因為你小時候被教導它們不存在而被你拋棄的？不論你曾被教導或聽到什麼，你比你知道的還有力量。最棒的是——你改變思想的力量是無限的，這樣的能力給了你最終極的優勢：**你能改變你的實相**。

宇宙會應允你所相信的——不管那是什麼。不論正或負面，你心裡的想法必然會引領你到你的夢想與渴望的命運。

受到限制的決心會侷限你的成果，但當你選擇去突破你加諸己身的束縛，並向豐盛的信念敞開心靈時，宇宙將幫助你開心的實現目標。

自我肯定語：釋放受限信念

- 我釋放所有疑慮。每當侷限的想法浮現，我就用正面的彈跳視窗將它們完全封鎖。我看到自己圓滿達成所設的目標。
- 我釋放所有憂慮並活在信任裡。我具有實想夢想所需的一切力量。
- 我相信自己，我相信自己有能力創造一個快樂和成功的人生。
- 沒有我不能克服的事。我具有改變我的思想、能量和實相的無限力量。
- 我在每個機會釋放負面想法。我選擇正面的、信任的、能滋養我的思想。
- 宇宙會應允實現我認為是事實的想法。我真心相信我成功的機會是無限的。

第二十七章 太快放棄

通往成功的第二個障礙

「當一個人自認不如人而猶疑不行動，另一人正忙著犯錯並變得比較優秀。」

——亨利C・林克（Henry C. Link）*作家

許多人從沒成功過，因為當事情一變得困難，他們就放棄了。真正的成就需要時間、能量、專注和耐性。你必須要能持續地鍥而不捨，因為這可能是唯一能助你渡過艱困期的態度。

現代西方文化見證大量財富的興起，在某些例子來說，錢財來得輕而易舉。這種誘惑使人對現實產生虛浮誇大的期待，並對時間規劃不切實際。雖說「夢想遠大，但要切實」這話可能看似矛盾，其實不然。你確實應該一直抱持偉大雄心，但你也要願意付出時間、努力，並保持彈性使夢想實現。

注意，不要只抓住一個選項或結果，因為這會製造出破壞你的意圖能量的迫切感。你需要堅持不懈但放鬆，專注卻有彈性——對你的計劃和目標皆是如此。

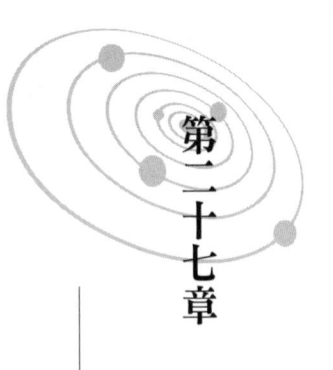

我最近聽到一個對這類心智狀態的貼切比喻。

每當飛機起飛都要事先聲明目的地並填寫飛航計劃，但有時一些狀況的發生會導致出乎預期的變化，譬如惡劣的天候或引擎和技術上的困難，飛機因此必須避開暴風或甚至降落在完全不同的目的地。

你在追求成功的路上也可能遇到類似轉折。目的地是你的目標，飛行計劃則是你的行動路線。在任何時候，你都可能因環境、必要性或啟發和靈感，而被迫做出重要調整。不論只是路線上的微小變動或需重新考慮目的地，你都要願意做出必要的改變。

一九一二年，布魯斯伊斯梅（Bruce Ismay）的目標是擁有橫跨大西洋的最快速遊輪。當時他們曾收到冰山警告，但遊輪的速度和行進路線都沒有因此做任何調整。結果伊斯梅不但沒能達成目標，他全新和最先進的鐵達尼號在首航時便沉入海底，造成一千五百位乘客和組員（以及伊斯梅的事業與名聲）的死亡。

不要讓你的希望和夢想沉沒在僵硬沒有彈性又危急的冰冷水域。你可能必須改變方向——或甚至目的地——但如果你願意去重新評估、考慮並做出修正，你將會看到屬於你的命運。

對宇宙提供的多個選項保持開放，接受它們，然後繼續前行。你的決心將得到回報。

堅持理想

儘管面臨困難和挫敗，不計其數的人都拒絕放棄。以下只是一些例子：

- 克拉克蓋博來到好萊塢，演出了一些小角色後，一位影圈的大製片家告訴他，他永遠也當不成「男主角」，因為他缺乏「男主角」的魅力。克拉克蓋博繼續努力，日後主演了電影史上最被夢寐以求的角色之一——「飄」的白瑞德。
- 曼德拉（Nelson Mandela）坐牢二十七年。他被釋放後仍獻身於終止南非的種族隔離政策運動。他後來得到諾貝爾和平獎，並在南非第一次大選當選總統。
- 喬登（Michael Jordan）當年在高中籃球隊的篩選中被踢掉。
- 史蒂芬·金（Stephen King）在創作不斷被出版社拒絕下，曾過著入不敷出的生活。他在洗衣店工作並終於獲得一份教職，他因受夠了稿件一再被退，把一本著作給扔了。他太太把稿子撿了回來，那本創作就是「魔女嘉麗」（Carrie）。這書後來被拍成電影，也是史蒂芬·金日後多本暢銷著作的第一本。
- 蘇斯博士（Dr.Suess）早期的作品被二十多家出版社拒絕過。在第二十四次的嘗試被接受後，他的創作銷售了數百萬本，並且豐富了全世界孩子們的生活。
- 傑瑞賽菲爾德[1]（Jerry Seinfeld）剛表演脫口秀的時候，被評論家批評得一文不值，他後來主演了美國電視史上最受歡迎的喜劇之一。
- 馬可尼[2]（Guglielmo Marconi）為了研發無線通訊，向父親求助資金。當時電磁波被認為無法傳越地平線，所以科學界並不重視他的研究。馬丁尼花了超過六年的時間，終於成為第一位成功將無線電信號傳送到大西洋的人。他後來獲得諾貝爾獎，並成為家喻戶曉的人物。

- 希爾頓（Conrad Hilton）原想進入金融界，但在他購買銀行的要求被拒後，他買了間旅館。他慢慢地投資更多家，卻在大蕭條期間失去所有，僅存一家。他因負債累累，會計師主張他宣告破產，他拒絕了。他後來打造出以自己為名，價值億萬資產的國際連鎖飯店。

這些只是人們在面對緲茫機會和有時看似難以克服的障礙時，繼續堅持的無數故事中的幾個例子。

如果你拒絕放棄，你的故事也可以是其中之一，你的名字也能被寫上同列有喬治華盛頓、狄更生、愛因斯坦、奈丁格爾、普立茲、林肯和歐普拉的名單。這些堅定有決心的人都拒絕向逆境屈服。

成功的兔子

近年有個很受歡迎的電池電視廣告，一隻粉紅色的玩具兔子經歷各類挑戰，但牠不畏失敗，一直繼續不斷地走。

你對成功的追求必須被同樣的無畏能量和意圖所驅動。若你要實現夢想和渴望，你必須做這隻兔子，學習牠的精神。

接下來是一些能維持你的意圖，並保持高度能量的方法。

- **不論發生什麼，絕不要自我懷疑。**

追求成功的意圖裡沒有自我批評和不確定的空間。你的意識和能量必須與自信的決心共鳴——不論要花多久時間達到。

- **永遠記得你的成功不是靠任何的單一事件。**

絕不要將單一計劃或議題看得太重要，因為這會創造出渴求和絕望的能量，反倒把你想要的結果推離。總是有其他的選項，從中選一個，然後繼續你的行動。

- **不要性急不耐煩。**

在你享受追求成功和人生過程的同時，調整自己的步調並依循計劃前行。平靜和堅持不懈的能量，比任何個別目標更能吸引成功到來。

- **拋棄有條件的自我接受。**

停止拿自己和別人比較或是羨慕別人；這些舉止讓你渺小又不吸引人。當你無條件的接受自己，你也就無條件的吸引成功。

- **不要專注在進行不順的事上；集中心智在正確的事情並試著複製。**

當某事行不通時，放下。調整步伐，重申決心，繼續向前。

- **活在感謝裡**。
  留意、認知並慶賀你的生命所擁有的。不滿足的情緒會擴展，因此，看看你的周遭，對自己擁有的感到知足。
- **訂計劃表，但不要設定時間上的限制**。
  如果某事花費的時間比預想的長，不要放棄，繼續下去。
- **放下悔恨**。
  對過去一廂情願只會增加你對當下的抗拒。不要老想著過去所犯的錯，反之，往前看。
- **離開你的「舒適區」**。
  去冒險——去做一些新的、不一樣和大膽的事。放下你的恐懼。冒險。
- **絕不要把你的挫折定義為失敗**。
  失敗常被稱為高價的課程。當你學到怎麼做沒有用時，你就能知道怎樣做才會有效——也因此更接近你的夢想。
- **對自己誠實**。
  務實看待自己需要修正的地方。改變可以是安全的，改變會帶來成功，因此隨時保持彈性，開放心胸，並且誠實。
- **鼓起勇氣，不要氣餒**。
  絕不要把問題或挫折當成回到舊有受限信念的理由。宇宙是富足豐盛的；無畏的去面對你的未來。

- **絕不要失去你的自我價值感。**

  不論發生什麼，你仍然值得擁有最好的。永遠要認知這點，並且願意去做促使美好發生的事。

- **不要放棄。**

  無論如何，堅持下去。要有信心，對美好的機會開放並尋找奇蹟。更棒的是，讓自己成為奇蹟。

我有個園丁朋友種了一種罕見的，需要很長一段時間才會長成的竹子。這個品種在根長好後，要很久很久才會長出莖葉。她勤奮地為這片看來空空如也的園地澆水、清雜草，甚至為了滋養它的生長跟它說話。

她的朋友和家人都認為她瘋了，因為她已經這麼做了四年，卻沒有任何明顯成果。他們告訴她，她照顧的是一片荒地，他們奇怪為什麼她看不出植物顯然已經死了。但我的朋友繼續耕耘，因為她知道這個品種的特別需求。

到了第五年，終於，竹子發芽了。事實上，一年內就長了將近五十呎高。由於她這些年的耕耘，竹子得以紮下深根，支撐日後快速的成長。

栽培成功就是需要這樣的勤奮。你現在的努力正為你的成功規模打下同等的基礎。因此要有耐心，繼續努力。如果你創造一個穩固的根基，你不但會成功，全世界都會看到你壯大、豐盛與美好的成就。

自我肯定語：堅持不懈

- 無論如何，我都願意堅持下去。
- 我堅定而有彈性，我有決心而且願意全心投入。不管怎麼，我都繼續行動不放棄。
- 任何困難都只是新的機會。我在每個轉折重申我的決心和焦點。
- 在我朝目標前進時，我會重新評估並做出必要的調整。無論如何，我都持續努力。
- 我釋放不耐的情緒。我在所做的每件事上培養成功的必要態度。我信任宇宙並繼續努力。

譯註：1. 傑瑞賽菲爾德（Jerry Seinfeld）：九〇年代全美極受歡迎的電視明星，主演「歡樂單身派對」（Seinfeld）。

2. 馬可尼（Guglielmo Marconi）：義大利發明家，人稱無線通訊之父。

第七部

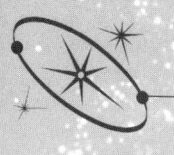

通往成功的唯一途徑

隨著你和宇宙的吸引力法則越來越諧和，你肯定會感覺到能量的轉換，也會開始注意到意識的改變，生活的外在變化不久亦隨之而來。但最重要的轉化在於你所體驗到的情緒品質，那瀰漫在生活裡的喜樂。

這個流動的能量與態度轉變的過程會產生**顯化**的骨牌效應。當你改變了認知，你變得比較快樂，而快樂又轉換你的個人能量；這最終改變了你吸引到生命的事物。

因此，要持續且無限成功的關鍵，就是在此時此刻，這一個當下，創造開心的意圖，也就是讓自己開心。想像你想達到的成功；活在你想感受的喜悅裡。

不要再多等一分一秒，現在就把你的人生當作是場快樂且被祝福的冒險。

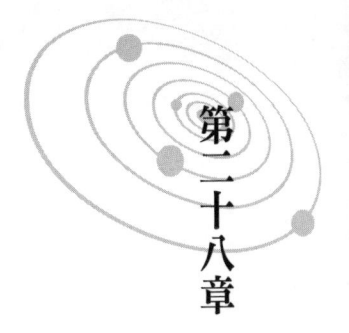

第二十八章

活在一個開心，成功的意識

通往成功之路

「生命中的狂喜只會在向上仰望的神情看到。這是個有趣，令人興奮的世界……偉大的時刻在每一個轉角等候著。」

——理查狄浮斯（Richard M.DeVos）*安麗公司創辦人

你至今過得如何？你如你希望的一樣快樂、平靜或喜悅嗎？如果不是，你認為你需要怎麼做才會有那樣的感覺？現在，花些時間想想這些問題，然後把答案寫在日誌裡。不要欺騙自己，因為你的成功可能就取決於你的回答。

也許你認為要有更多錢、更多物質品或是擁有愛情才能讓你快樂；也許你相信有個新工作或截然不同的事業會帶來你所尋找的喜悅與滿足感。要當心！這些想法只會讓現在的你不好受，並且妨礙你的能量和成功所需的純粹意圖。這個矛盾很明顯：你對於需要什麼才能滿足的想法，事實上正破壞你現在擁有喜悅的任何可能。你反而是在創造一個空洞，一個令人痛苦的需求意識，它會阻止你所企求的事來到你的生命。

不要把幸福跟獲取財富和享受物質生活弄混了。能量上來說，金錢不會帶給你幸福。是你的幸福帶給你富足豐盛。是你的幸福吸引了那些你認為會帶來更多滿足和愉快的事物。

這其實是好消息，因為抱持這樣的態度，你就不必再等待快樂到來。事實上，為了創造一個真正成功的意識，你不能再延遲去享受你的人生了。

只是，這可能會不太容易，因為有些人真的不知道要怎麼快樂——他們童年時不曾經驗過，長大成年後也沒學會。對這些人來說，不快樂成了一種生活方式，雖說聽來奇怪，但由於他們很熟悉這樣的狀態，這反而令他們感到舒適。這個自我延續的悲哀，看來像是最不費力的路，但比起學習如何知足或滿足，這種不令人滿意的生活方式實際上要花上更多能量和努力去維持。

創造喜悅的努力絕不該依附於目標是否實現。然而有些人對物質的渴求是如此迫切，在沒得到想要的東西之前，他們根本不期待或希望自己會快樂。這是很幼稚而且不成熟的心態。它像是成人版的小孩說道：「我要把球收走，我要回家了。」

如果得不到你要的就拒絕加入遊戲，那麼你是把自己跟宇宙能量的流動隔離，阻擋了你原本會體驗到的幸福——如果你能就是放下並享受當下的話。

這讓我想起曾有的一次經驗，我帶著當時三歲大的外甥去餐廳吃飯，等候餐點時，他拿出他走到哪就帶到哪的一堆玩偶。裡頭有怪物和看起來噁心的造型，還有大約一打不同顏色和大小的金剛戰士。

外甥開始玩起金鋼戰士和壞人間永遠打不完的戰爭，然後他的臉突然一皺，眉頭深鎖。雙手放在胸前的他說，「我不玩了。」我問他原因，他說他把他的紅色金剛戰士忘在家裡了。我提醒他還是有很多同樣強壯威猛的戰士可以玩啊，但他仍舊不肯繼續。

經過幾分鐘的沉默，我說，「好，算了，不管它了，我們來玩開心遊戲。」這個遊戲是我們輪流把自己喜歡的東西寫下來，一開始我們總是很正經八百的列出打雪戰和熱巧克力聖代之類的項目，但到了最後，我們一定會寫出鼻涕三明治和蜘蛛內臟湯這些完全鬼扯胡謅的東西。

外甥一向喜歡這個遊戲，但這次他沒有讓步。我試著哄誘他，我說，「不要這樣嘛，你難道不想玩開心遊戲？我們可以玩得很搞怪很噁心。你會很開心的。」

他坐在那裡搖頭。最後說，「沒有我的紅色金剛戰士，我不想開心！」他寧願為了某個缺少的東西哀傷而不去享受手上所擁有的。

令人訝異卻也很不幸的是，這樣的反應並不限於小孩。有很多不快樂的成人也是這麼覺得；如果沒有他們想要的東西，他們會直接了當地拒絕快樂。成人版類似這樣：「如果我沒結婚，叫我要如何享受人生？」或是「如果我得不到我要的錢，我永遠也不會快樂。」

為什麼享受我們的經驗那麼困難？為什麼——在一個歷史上最豐富的文化和最富裕的時

期——有那麼多人活得如此悲慘？

答案或許可以從一般人所做的兩個重要選擇裡發現。首先是人們傾向選擇評斷而不是珍視。這個選擇在我們對快樂的期望和實際的經驗之間製造了一種「滿足的缺口」（pleasure gap）。

我們的第二個錯誤是活在羨慕而不是感恩裡。我們的意識總專注在別人所擁有的東西上頭，由於本身的欠缺，怨怒的心態慢慢蠶食我們的幸福。這成了令人無力的慢性症候。

滿足的缺口

人們傾向從生活中的特殊活動或事情裡尋找樂趣，卻往往忽視了其他時候也能擁有的快樂。這使得他們對例行生活的品質和較為「特殊」時刻之間產生越來越大的體驗差距，也就是分裂。想想這對你每天的生活會造成什麼影響。如果你只美化不尋常的經驗而忽視了日常生活的平凡樂趣，那麼你在人生的大多時候無可避免地將體驗到這個缺口帶給你的空虛。

當你在生活裡不斷的瑣事和活動中看不到重要性或價值，甚至不怎麼期待自己會開心時，缺口就出現了。這個心態只會使你把生活看作負擔，這種自我加諸的負面定義保證會讓你活得不快樂，於此同時，你所投射散播的悲慘能量，也會帶給你更多困擾。

當你選擇珍視生命裡的所有經驗，你就會找到快樂。你可以把一種嬉戲、有幽默感，一種新鮮、輕快的態度帶到每件事，包括你每天的活動。但這不能只是偶一為之，它必須是你首要的意圖——無論生命帶給我們什麼，你都以感恩的能量開始和結束每一天。

是時候去填補這個滿足缺口了，把歡樂帶到人生的每個時刻，讓你所有的經驗變得特別。就從這一刻起，釋放生命是負擔，是沉重包袱的認知；這個想法所創造的能量過於黑暗，使得宇宙無法給予你正面回應。選擇用全然不同的方式和眼光看待你的行動，知道你的道路充滿體驗平靜的機會，並且永遠都選擇珍惜今天。

有句東方哲語這麼說：「開悟前，砍柴，提水。開悟後，砍柴，提水。」這意味生命裡的一切都是冥想，即使最細微之處都是看見與體會平靜及美麗的機會。這是感恩能量最終極也最根本的表現，它會創造出一種輕鬆與流暢的意識，將當下的平靜視為最重要和成功的最純粹形式。有一首寫於中世紀的詩「風信子」，就傳達了這個想法：

即使物質再匱乏，即使只剩兩條麵包可賣
賣了一條，也要用些許換取風信子滋養靈魂

風信子是我最喜歡的花，每年我把它們放在家裡，空間頓時充滿春天的甜美，滋潤我的靈魂。這麼小的東西能帶給人這麼多的喜悅和感謝真是不可思議。不論什麼季節，你總是可以看看周遭並問：什麼東西滋養我的靈魂？如果你能用一種平靜的感謝來體驗你的人生，想想，你會創造多美好的能量。你內在快樂的共鳴將令人完全無法抗拒。

「滿足的缺口」使我們對人生的體驗產生巨大的對立。它讓我們處在慣有的「非有即無」——要就全部，要不什麼都不是——的想法，因著「除非感受到狂喜，我們便是被困在無意義的空虛裡」這樣的信念而受苦。我們必須記得，無論什麼情況，**喜悅能發生的唯一時刻就是當下。**

彌平「滿足的缺口」並不表示每個時刻都沉浸在物質慾望；它是一種更深的滿足感，一個來自對當下的深深欣賞與感激。

真正的快樂是一種選擇——不是我們遇到或掉入的狀態。當我們選擇當下就要開心，我們就創造出在任何時候和任何地方都能快樂的情緒能量。

倫敦的地下鐵有標誌寫著「小心缺口」，提醒大家留意月台和火車間的間隙。現在就是你注意「滿足的缺口」的時候了。確定你沒有因為拒絕把生命的每一天都當成特別的時刻而錯過享有平靜的機會。

這是你的選擇——你不必等候；你現在就能快樂。

薩利耶里症候

「阿瑪迪斯」是根據莫札特的一生所改編的電影。除了展現莫札特的天份，影片也提到當時一位受到維也納宮廷賞識的作曲家薩利耶里（Salieri）。根據這部電影，薩利耶里非常妒嫉莫札特的才華。隨著時間過去，他對自以為和莫札特之間所存在的競爭越來越執著，這也令他越來越痛苦。他覺得自己的作品比不上對手的美妙，這樣的想法摧毀了他快樂的能力。

雖然歷史學家並不同意這兩人之間真的存在這樣的關係，但這個故事對現今許多人感受的痛苦是很貼切的比喻，那就是人們因競爭心態，妒忌比自己擁有更多的對手。

這個情緒並沒有隨時間消失，它似乎在各年齡和各地的人群間擴散。事實上，隨著越來越多的人變得富有，而且大家都看得到這些財富，許多人有「為什麼不是我」的心理。想要擁有別人所擁有的這種心態啃蝕著你的心靈，它會轉變成長期且令人焦躁的不滿足感，一個使你的成功意圖註定失敗的意識。

妒忌使你痛苦的把自己和比你有成就的人比較。這個自我譴責將焦點放在此刻令人失望的結果和不抱期待的未來上。這個根本矛盾就在於，過份關注於欠缺的想法只會增加匱乏。負面能量潛入你的意識，它變成一種生活方式，直到你所見的一切都是不滿的情緒垃圾。不論在情緒、能量和各方面來說，妒忌都是痛苦的深淵。

有句古諺這麼說，「如果你發現自己在洞裡，就不要往下挖了。」當你發現自己身處悲慘不幸的坑洞時，這確實是中肯的建議。如果你已經覺得自己少了什麼，渴求的心態只會讓你更陷入那樣的境地，但你可以透過轉移焦點來離開這個令人苦惱的坑洞。

畢竟，如果你所專注的會擴展，你自然不會想繼續專心在你欠缺而別人享有的事物上。你對於別人所擁有的東西的執念，事實上是創造了將更多好東西送到他們的生活——而不是你的生活——的能量。

與其妒忌，你反倒可以看看別人的生活，為他們感到開心。更重要的，你可以看看自己所擁有的，然後為自己感到開心。你不再需要緊抓住「我需要更多才能滿足」的信念。反之，你能接受並瞭解，當你歡迎當下的喜悅時，你會得到更多。

記得，帶給你滿足與歡喜的是你的信念，不是你擁有的物質品。如果你不快樂，並不是因為你沒有理想的工作、車子或房子；是因為你沒有正確的態度和信念。當你看到周遭而覺得沮喪，你不需改變生命的狀況，只要改變你對這些情況的看法，你所賦予它們的意義。你**現在**就要選擇對你擁有的真心感謝與欣賞。

這個能量的轉變對創造成功意識是非常關鍵的一步。停止做自己競爭情緒的階下囚；停止做一個渴求和匱乏的受害者。你不必接受只有特別事物才能帶給你喜悅的自我摧毀前提。

你有力量終止妒忌並打破薩利耶里症候；你有享受當下並彌合「滿足的缺口」的選擇。是時候放下迫切，甚至絕望的奮鬥，放下你那評斷與無休止的競爭心態了，了解到你唯一可能快樂的時候就是現在——就在當下這刻。

幸福的元素

你的意識一直處在創造的過程。你需要將它的能量導向你想體驗的情緒，而不是你想逃脫的情況。如果你繼續專注在你的問題，你就會吸引更多問題。

你要將注意力導向解答。在試著活得快樂的同時，想像你要的畫面，然後觀想正面成果。這表示你必須跳脫自己舊有的方式並停止忽視和否認你現在就能擁有的快樂。你要能看到內心的美好潛能和周遭發生的好事，並且期待宇宙送來更多更多的美事。

成功是你**如何體驗過程**的結果——不僅是你追求夢想，也是你生活中的固定行事的過程。每個人追尋的目的都是渴望找到喜悅，但真正的成功來自於每天都有意識的活在喜樂裡。**快樂是方程式裡頭的元素，不是方程式產生的結果**。因此，如果你想創造強大的成功意識，你就必須對你的人生啟動快樂的態度。這點非常重要，這是你追求成功須先達成的第一步。

成功的人生有兩個必要條件：

1. **你必須願意放下使你的能量低落和讓你不快樂的人事物**。
你最必須釋放的兩個最重要的阻礙就是批判和對未來的恐懼。真正的快樂無法跟這類思想還有它們創造出來的情緒共存。你必須不斷拒絕和負面能量互動，因此每注意到自己在評斷、自我批判，或在想像什麼災難還是悲劇時，立刻打斷自己的念頭。重複這個步驟：「停止。釋放。呼吸。」可以的話，大聲說出來，至少也要在心裡說。然後，做個深呼吸，釋放那些負面想法。一有必要就這麼做，直到拒絕恐懼和評斷成為你的自然反應。

2. **在朝向未來目標努力的同時，你必須盡所能地感恩當下**。
這個感恩來自於選擇現在就看見你整個生命和真實自我的價值。你可以繼續朝夢想前進，但你不能保留你的感激之情，等著未來的某個時候再說。你必須現在就慷慨真誠且無條件的表達。

在《綠野仙蹤》裡，桃樂絲、稻草人、膽小的獅子和鐵皮人拼命尋找翡翠城。他們在尋找不同的事物讓自己快樂，他們被告知有位很有力量的偉大魔法師住在翡翠城，他能讓他們如願以償。當抵達了目的地，他們發現他只是一個藏在煙霧、鏡子和布簾後的普通人。

當我們追尋成功時，我們也是在尋找心裡的那個翡翠城。就像桃樂絲和她三個朋友，我們相信尋找的解答藏在某個遠方的成就，某個遙遠、附有條件的目標裡。如果我們維持這些錯誤假設，我們將開始一趟被迫面對龍捲風（絕望），邪惡巫師（憂慮），還有有翅膀的猴子（我們自身的恐懼）的旅程。我們可以走那條艱辛的路，或者，我們可以選擇學習桃樂絲在這趟磨人的旅程中所學到的：解答就在——也一直在——我們的心裡。

快樂不是未來的事件；它是現在的選擇；成功不是特定的結果；它是生活的方式。

在宇宙遊樂場開心的玩

對所做的每件事抱著一種好玩的態度能夠幫助你投射最高的能量。一個輕快和開心的意圖能將更多更高階的共振帶到生命裡。與其將每天看成無止盡的沉悶瑣事，你可以決定要過得開心——甚至把它們當成遊戲。放下你進行日常工作時的厭煩感。想想，這會讓怎樣的能量持續存在於你的生活？與其抱怨要打掃房子，不如對能擁有一個家表示感謝。

用更多創意進行並享受你的工作，在身處的環境尋找美麗的事物。
聽聽能夠激勵或令人開心的音樂，買束花給自己，工作時哼哼歌跳個舞。
記得最重要的一點：你每天的能量定義你——並且決定你的命運。

如果你真的完全無法從所做的事找到樂趣或價值，你可以透過回想過去某件很棒的經歷或回顧你的感謝清單來讓自己開心。回憶一張快樂的臉、有趣的時光或一個特別的人，把更新的滿足感帶到生活裡。對你的意圖更隨機輕鬆和樂在其中。在人生旅途上，試著不要把事情看得太嚴重，也不要覺得凡事都是衝著自己，不要把每件事都跟自己扯上關係——尤其是負面的事。放輕鬆，開心的生活。在生活裡製造更多趣味，你就會開始看到自己在心態上的轉變。我第一次試著把好玩的能量放到家事是在洗衣服的時候。我一直不喜歡洗衣，所以我想改變洗衣時的能量。

由於只有我一人在家，我和洗衣籃跳舞，開始和我的衣服說話，我問它們有沒有什麼主意讓這件事變得更好玩。我事實上是很大聲的問。好加在，它們沒有回答。這麼做有些傻氣又挺有趣，所以我決定繼續。我接著告訴它們，它們很快就要洗澡，洗乾淨後，它們的自我感覺會非常良好。

當我把所有衣物從洗衣槽移到烘乾機時，我注意到我最喜歡的紫色襪子少了一隻，我舉起發現的那隻質問，「你做了什麼好事讓你的伴離開你？我剛剛可是看到你和那內衣廝混。」

我被自己逗笑了！我真的一邊洗衣服一邊咯咯地笑（當然，我很高興我的客戶並沒看到那時的我）。這個經驗不單改變了那天的氣氛，也轉變了我對洗衣和其他繁瑣家事的心態。我了解到我真的可以享受，而不是抗拒和厭惡那些以往看來好似沒太大意義的忙碌。雖然這聽來真的很驢，它卻能完全改變你的能量——所以，讓自己改變一下，來點樂趣吧。

量子呵癢

笑聲是非常有吸引力的能量振動，每個人都該盡可能的常笑。研究顯示，笑是少數會刺激腦部所有部位的電脈衝的活動之一。此外，它使你的思考敏銳、創意提升、壓力降低、增強能量，並使你更有效率。固定且經常大笑可以增加血清素，令你感覺幸福（譯註：血清素的分泌和愉悅的情緒及壓力的紓解有關。）笑聲也把正面能量像火箭般發送出去。

所以，允許自己放輕鬆，好好喧鬧一下吧。重新發現你的內在小孩。如果起先很難自發性的笑，你可以先用假笑來哄騙自己開心，你的大腦並不知道這之間的不同。它仍會製造提振心情的腦內啡（endorphin）並改變你的個人共振。最重要的，笑會改變你的認知——而認知會改變你的意識創造。

因此，放下你以往的壓抑，多給自己些樂趣。笑並不需要很多努力，但它創造出的幸福意識和開心的磁性能量真的很值得。

培養輕鬆自在的態度不是老生常談；它確實很有能量。活得開心可以提升你的共振，它也正是你透過成功想獲得的情緒。輕鬆與開心所產生的情緒振動是使你成功的最有力方式。

宇宙法則非常明確：你對人生的態度塑造了你的人生。你可以選擇透過悲觀或樂觀，單調沉悶或樂在其中的心態來塑造你的命運——而且你每天都要做許多次這樣的決定。你若是讓自己創造喜悅與樂趣，宇宙就會以祝福來回應你。

時時記得，一個真正活躍的成功意識是被每天更新的樂觀、自愛和快樂能量所點燃。

量子魅力

你現在就在——也一直在——意識創造的過程中。

現在就建構一個新的，成功的自我形象。成為那個圖像，相信它，相信自己可以達成。把圖像貼近，每天觀想。當它在你的意識留下永久的印象，它就會變成你的新實相。

通往成功的旅程絕對是一個內在之旅，而這也是你的覺察所在，你的能量來自的地方——它們都源自內在。

當你想到具有魅力的人，你會連想到一些特定性格。這些人都很開心，懂得享受生活，他們的特質感染周遭的人和他們所做的每件事。他們的生活散發高度能量、熱誠與平靜。你也可以現在就創造這樣的態度，徹底改變你人生的方向。

選擇的力量就是你終極的自由——你可以在每個想法和認知裡選擇喜悅、平靜與熱情。由於吸引力模式總是透過能量來運作，這些是你所能選擇的最高振動。

在宇宙目錄裡，你的命運訂單的格式就是你的意識，因為你的意識說的是你選擇看重或優先的事情。不論你是把焦點放在無限的豐盛或者忍受匱乏上頭，宇宙必然會完成你的訂單，因此，絕不要用問題來定義自己。

堅定專注在解答上。專注在光榮和沒有衝突的想法，你對目標的純粹將連結你和神聖意圖及宇宙能量。

每個你做的改變也都會修正你的意識方向，甚至一點點小調整就能在你的實相裡創造巨大轉變。這個世界充滿了無盡的選項，而一切可能性的偉大場域想要把你的夢想送給你；因此，停止抗拒，打開你的心靈接收禮物。你的意願和自愛的意圖，是創造通往成功資源的開放與流動管道所唯一必須的。

當你把自己跟宇宙法則校準，成功的火花便開始綻放。空氣中的氣流帶著電，這就是你的量子魅力——你持續的樂觀能量結合清晰、有意識的意圖——它是實現成功的最強大力量。

這個振動的力量此刻就與你同在，就如一切無限和看不見的世界要提供給你的豐盛潛能一樣。當你發現幸福與美好一直，並且永遠都在你內，你就已達到你的量子成功——愉悅地對生命裡的每個時刻感恩。

這個當下的幸福就是你成功的開始，而現在就是你起身實現你最偉大夢想的時刻。

你的命運現在就正在能量界成形。見證並運用這個存在於你內心和四周的神奇能量，不用多久，一個充滿奇蹟的未來即將展開。

自我肯定語：活在成功的意識

- 我生命中的每一刻都是特別的。愉悅的感恩是我不變的選擇。
- 不論是現在或以後，我都願意改變任何負面的、恐懼的，或受限的振動。我現在的樂觀意識和我本身的快樂能量就是我最偉大的成功。
- 我把所作的每件事都看做是成功的機會。我活在喜悅裡。
- 我很快樂，我選擇把輕鬆好玩的態度帶到生活。我常微笑，我的生活裡有更多的樂趣，我冒更多的險。
- 我看重自己，我看重我的人生，我選擇肯定自我並看到此刻的自己在各方面都是成功的。

後記

宇宙的力量就是你的力量。宇宙的光就是你的光。所有時空的能量都在你的永恆意識裡振動，你一直在參與宇宙細緻優雅的創造行動。

你現在就正在創造你的未來，你在命運工廠勤奮的工作，大量生產將匯集成你未來經驗的能量、資料與期望。這個產品可以是老需送修的劣等車，或是開起來超讚，能讓你享受一趟舒適旅程，並安全帶你抵達目的地的美麗豪華轎車。這完全由你決定，因為你是建造、組裝，並在生命中的每一刻駕駛它的人。

為此之故，記得我們書裡討論的一切就相當重要。你是在能量世界裡真實無比的原型中生活與行動，所以不要以這些說法不切實際而輕忽。如果以往的舊有路線不曾把你帶到你要去的地方，你卻仍然依循它們，這才是不切實際。

給自己所需的一切時間投入這個過程，並試著在追求成功的不同階段重讀本書。你會發現自己在每個階段跟不同的資料共鳴。同時，繼續日誌裡的練習並提醒自己：我具有一切可供運用的力量。如果你想改變你正在創造的未來，以下三點絕對必要。

通往創造命運的三把鑰匙

所有的力量對建立一個活躍有力的命運都很關鍵，但你的本質裡有三個基本部分絕不該被忽略。事實上，它們是如此重要，你應該每天，甚至每小時（或更短）重新審視。

以下的提醒可以幫助你把它們的力量發揮到極致。在你進行日常事項時，謹記這三個創造命運的關鍵：意識、能量，以及意圖。

意識

你的意識創造你的實相，所以你必須只進行正面思考，而且對自己的思想非常警覺。你需要清楚瞭解你的心智聚焦在哪些事物。當你專注在生命中開心和有價值的事情時，這些正面體驗將會不斷地擴展。

下列的提醒可以幫助你走在通往成功之路：

- **不要做意識植物人。**

  對自己腦袋想的事，以及這些思想會如何影響你的未來要有清楚認識與警醒。只有你能控制自己的意識。

- **持續提醒自己在意識上的選項。**

  千萬不要執著在出錯的事上。你反而要將焦點放在可以做對的事情，並且只鎖定那個意象。

- **在心裡和腦裡永遠對自己抱持正面認知。**每當你感覺沮喪或對自己失望，記得你對自己嶄新的正面認知還有對自己充滿愛的定義。
- **多意識到自己所擁有，而不是欠缺的東西。**永遠要優先認知到自己的優點和所擁有的事物。你將因此繼續在未來顯化出更多的富足與豐盛。
- **跳出你的選項視窗。創造快樂、成功的自己，還有成功的未來影像。**每天幾回在心裡開啓這些正面視窗。讓畫面明亮、清晰。把它們貼近在你的心的中央，當你感受畫面所傳遞的開心與興奮時，深呼吸。這會在你的神經通道、神經胜肽和意識期望上，點燃非常真實的反應。
- **探討你的期望。**如果你對未來有任何悲觀想法，把它轉換為樂觀。這個世界充滿無限的可能與機會。期望最好的事會發生，它早晚會的。

能量

你一直是在傳送和接收能量的過程中。發生在你身上的每件事都是在回應你在每一刻所傳播的能量。即使是現在，你的想法、信念和情緒都在放送非常特定的信號——關於你是誰以及你願意在生命中接受什麼。

如果你想吸引成功，還有能夠幫助你創造成功局勢的人，你的共鳴就必須和健康的信念、正面的思考與真正開心的情緒共振。

- **隨時覺察自己是在能量製造的過程中。**

即使你沒有察覺，你仍然在製造能量。盡可能經常進行能夠產生正面和吸引力振動的想法與信念。

- **永遠選擇支持、鼓勵和信任自己。**

自信的能量開始於自我的榮譽感。你若選擇去思考或進行不尊重自己，使自己蒙羞的行為，就等於在邀請這個世界對你做同樣的事。成功絕不會跟自我懷疑的態度共振，所以你每天都要肯定自我，肯定對自己的信任。

- **選擇樂觀。**

悲觀的見解完全沒有能量上的價值。不論周遭發生什麼事，你都能渡過難關並開放自己的心靈接收答案。想想事情會如何順利的進展，然後朝那個方向採取行動。

- **發現你的真正目標。**

記得，你有部分的任務是要和靈魂連結，所以讓自己多學習和知道關於你是誰以及你為什麼在這裡的原因。一旦找出答案，實踐並榮耀你的目標。

- **活在當下。**

能量上來說，你的力量基礎就在當下這刻。記得，每個新的瞬間都提供了一個改變你的意識和能量振動的機會。即使你前一分鐘還被負面能量充滿，你現在都可以選擇別的振動。原諒自己，放下過去。使用當下的力量去開創一個燦爛的美好未來。

- **活在愛和深深的感謝裡。**

這些是你所能投射出的最吸引人的能量。把愛傳送給你身邊的人，還有你正在進行的計劃。對你所擁有以及你所是的真誠感謝。你認知和感恩的意圖會吸引更多值得感謝的事來到你的生命。

意圖

你的意圖引導你的能量和意識，也因此創造你人生目標的焦點。真正的成功是純然被啟發的，它從不是被恐懼所驅動。當你追求目標是為了使人生更有方向和快樂，你的意圖將引導這個豐盛的宇宙在各方面協助你。

- **絕不要把你的目標當成你的快樂、自我價值或定義的唯一來源。**

這鐵定會產生迫切和絕望感——這些是把你的夢想驅離的高毒性能量。

- **慎重思考你的意圖——不論是專業上的追求還是每天的生活事項。**

想一想你做事的原因，然後問問自己，你的每個意圖是純淨？還是出於恐懼？如果是後者，改變你的行動或動機。

- **確定自己的意圖沒有矛盾。**

如果你想達成某個特定的事，你必須確定你是真的真的想要。同時，你也要知道自己值得擁有，並相信這件事是可以做到的。不要讓相互矛盾的信念與懷疑取消了你的宇宙訂單。

- **放下你對目標的情緒依賴。**

放下需要、急迫和絕望的心態；有耐心並堅持不懈。享受過程，從過程中尋找令自己滿足的事，到最後，你會看到這一切真正的價值。

- **每天都要意識到自己的意圖。意圖活得開心。**

不論你只是在做些日常瑣事，或正追求夢想的實現，你都要以清晰明確的意圖去進行。把目標放在價值、平靜和充滿愛的感恩。

- **創造一個每天都與愛的源頭、宇宙的智慧和上帝的慈悲連結的意圖。**

你越是將這個目標當成每天的事項，你的能量越能和一切可能的豐盛場域和諧共振。

分享成功

這三件事——意識、能量和意圖——決定你個人的成功，但也千萬不要忘了，你的振動會在這個世界擴展，創造出所有人類共享的命運。這個影響力的非定域性本質意味著你在每一處都有力量。事實上，你的較高意圖對我們物種的成功和你個人人生的影響一樣有力。

你所投射的每一份能量都影響人類的方向——若不是移向愛和成功，就是恨與毀滅。每個評斷或自我批判都會加速這個世界的負面動能，一如每個關愛的焦點會增長正面能量。即使是停止自己內心的掙扎，也對結束這世上其他地方的衝突有所助益。這是共享意識的M場無可否認的事實：我們一直都在影響人類物種的走向，我們一直都在決定人類近期和遠期的結果。隨著每個人學習在更多愛的層面振動，我們不只為自己開展燦爛的命運，我們也將所有人類的命運帶到一個更高、更光明的振動。

好的振動

記得，要活出一個正面和肯定的人生。在你所想和所做的每件事，永遠思考那些樂觀以及能夠滋養你的選擇。

你可以從每章最後的肯定語句開始，再加上你自己所寫的肯定語。每個當下都是帶有能量的機會，所以永遠要選擇一個能夠振奮，能提升你對自己、對你的目標和這個世界的正面認知。在每個機會與情況肯定你的人生，宇宙將以種種美好的方式回應你。

不要把這些當成過於理想化的幻想而漠視；這確實是你不能輕忽的科學事實。你的能量持續透過每個細胞和經驗振動。你可以選擇在更高、更明亮的層次共振，而這個選項永遠不會停止——一刻也不會。

現在，你就可以做出永遠改變人生的選擇，因此，下定決心採取一個充滿興奮、喜悅和期望的態度。超脫你舊有、不健康的能量，與你的嶄新信念及無限豐盛的世界共振。讓你的四周充滿並躍動著燦爛未來的影像，很快地，你就會發現自己快樂地活在那個實相裡。

你在生命中的每一刻設計著自己的命運，
現在就感受你所渴望的幸福，
無以形容的美好和祝福必將屬於你！

謝辭

我想對以下各位致上我最深忱的謝意：

- 首先，對存在於萬事萬物，並且無所不愛的神聖意識。
- 我親愛的家人：Sarah Marie Klingler, Benjamin Earl Taylor, Jr. , Vica Taylor, Jenyaa Taylor, Sheri Klingler, Devin Staurbringer, Yvonne and Earl Taylor, and Kevin and Kathryn Klinger.
- 我視為家人的：Barbara Van Rensselaer, Marilyn Verbus, Ed Conghanor, Julianne Stein, Melissa Matousek and Tom and Ellie Cratsley.
- 我傑出的出版社家庭：Louis Hay, Reid Tracy, Jill Kramer, Shannon Littrell, Jessica Vermooten, Jacqui Clark, Rochelle Zizian, Christy Salinas, Charles McStravick 以及所有在賀屋出版社的可愛人們。
- 我的辦公室家人：不可或缺的Noreen Paradise和百折不撓的Rhonda Lamvermeyer, Karen Grey Price.
- 我的靈性家人：Anna and Charles Salvaggio, Ron Klingler, Rudy Staurbringer, Flo Bolton, Flo Becker, Tony, Raphael, Jude 和所有生命的聖靈。
- 最後，我的讀者們：謝謝你們在這世上的光。願上帝永遠為你帶來幸福和豐盛的祝福。

建議書目

- Ask and it is given, Esther and Jerry Hicks（the teaching of Abraha）.
- Carlsbad, California: Hay House, 2004.
- Beyond the Quantum, Michael Talbot. New York, NY ‥ Bantam, 1988.
- The Biology of Transcendence, Joseph Chilton Pearce. Rochester, VT ‥ Park Street Press, 2002.
- Dancing Naked in the mind field, Kary Mullis. New York, NY ‥ Pantheon Books 1998.
- Elemental Mind, Nick Herbert. New York, NY: Penguin, 1933.
- Energy medicine, Donna Eden. New York, NY: Putnam, 1998.
- The Holographic Universe, Michael Talbot. New York, NY: HarperCollins, 1991.
- Intuitive& Beyond, Sharon A. Klinger. London, England: Random House UK, 2002.
- The Law of Higher Potential, Robert Collier. Tarrytown, NY: Book of Gold, 1947.
- Molecules of Emotion, Candace B. Pert, Ph.D. New York, NY: Scribner, 1997.
- The Power of Intention, Dr. Wayne. W.Dyer. Carlsbad, California: Hay House, 2004.
- Quantum Reality, Nick Hebert. New York, NY: Anchor, 1985.

- The Quantum Self, Danah Zohar. New york, NY: Quill, 1990.
- The Spiritual Universe, Fred Alan Wolf. Portsmouth, NH: Moment Point Press, 1999.
- Taking the Quantum Leap, Fred Alan Wolf. New York, NY: Harper & Row, 1989.

再一次想想
生命是什麼？
真正的你是什麼？
這些宇宙原理要傳遞的是什麼？

你真正的本質是不朽的靈魂，是不滅的能量。
透過這些法則，你認識到自己內在的力量，認識到個體和宇宙不可分的關係。
而成功的人生不在於追求或達到了什麼，
成功是一種情緒，一種心境，它只屬於「當下」，它永遠不會在「未來」發生。
真正的成功是一種內外和諧的狀態，
擁有一個知足感恩和平靜喜樂的心，就是最大的成功。

——園丁

宇宙花園 10

量子物理與宇宙法則——量子成功的科學

QUANTUM SUCCESS：THE ASTOUNDING SCIENCE OF WEALTH AND HAPPINESS

作者：Sandra Anne Taylor
譯者：何宜儀・張志華
出版：宇宙花園
e-mail：service@cosmicgarden.com.tw
網址：www.cosmicgarden.com.tw
通訊地址：北市安和路1段11號4樓
編輯：張志華
總經銷：聯合發行股份有限公司 電話：(02)29178022
印刷：鴻霖印刷傳媒股份有限公司
初版：2010年1月　新封面一刷：2017年10月　四刷：2023年12月　定價：NT$420元
ISBN： 978-986-80783-9-0
QUANTUM SUCCESS

國家圖書館出版品預行編目資料

量子物理與宇宙法則：量子成功的科學
Sandra Anne Taylor 著；何宜儀・張志華譯.
---初版 ---臺北市：宇宙花園，2010〔01〕
面；　公分. ---（宇宙花園；10）
譯自：Quantum Success : the astounding science of wealth and happiness
ISBN 978-986-80783-9-0（平裝）
1. 成功法
177.2　　99001320